黒板アート

南房総200日の記録
～子どもの世界が変わるとき～

もくじ

1学期始業式　4-5
植物のいろいろ　6-7
セイヨウタンポポ　8
オニノゲシ／スギナ　9
ウラシマソウ　10
シロツメクサ／ヘラオオバコ　11
オオミズアオ　12
マツヨイグサ／コメツブウマゴヤシ　13
ウラジロチチコグサ／ハナイバナ　14
カラスノエンドウ／ヒメオドリコソウ　15
ハルジオン　16
ハルジオンとヒメジオンの区別　17
ハハコグサ／カタバミ　18
ニワゼキショウ／ノアザミ　19
ギシギシ／イヌムギ　20
ヤモリ　21
ユウゲショウ／ムラサキツメクサ　22
チガヤ　23
ヒルザキツキミソウ　24
ミヤコグサ／ドクダミ　25
ハマヒルガオ　26-27
オニタラビコ／ツルニチニチソウ　28
ナガミヒナゲシ／トキワツユクサ　29
オオイヌノフグリ／スズメノカタビラ　30
山の道　31
貝のいろいろ　32-33
キサゴ　34
自然のもので遊びを広げる　35
エガイ／アマオブネガイ　36
ハクシャウズ／オオヘビガイ　37
マツムシ　38
マツバガイ／トコブシ　39
ツタノハガイ／チャイロキヌタ　40
標本コレクション　41
トマヤガイ　42
バテイラ／サザエ　43
ベニイモ／オニアサリ　44
シマメノウフネガイ　45
イシダタミガイ　46
ベッコウガサ／クマノコガイ・クボガイ　47
ハマグリ／キンチャクガイ　48
ザルガイ／ネジガイ　49
コシダカサザエ／ウノアシガイ　50
ウノアシガイとキクノハナガイの見分け方　51
川の生き物のいろいろ　52-53
ヨシノボリ　54
ヨシノボリの争い　55
シマドジョウ　56
ヌマエビ／オタマジャクシ　57
ノコギリクワガタ　58
ヤブキリ／カイコ　59
カナヘビ　60
スズメガイ／ホタルガイ　61
クジャクガイ／クズヤガイ　62
シチクガイ　63
オミナエシダカラ　64
摩耗しつつ色が変わるオミナエシダカラ　65
1学期終業式　66-67
黒板アートを続けたわけ　68-69
2学期始業式　70-71
昆虫のいろいろ　72
コクワガタ　73
オンブバッタ　74
ショウリョウバッタモドキ／ショウリョウバッタ　75
トノサマバッタ　76
子どもの話をもとに考えさせていく=「どうして」という問いが思考を促す　77
ハンミョウ／オオカマキリ　78
トゲナナフシ　79
クルマバッタ／エンマコオロギ　80
アオドウガネ　81
ナナホシテントウ／ハラビロカマキリ　82
アオモンイトトンボ／コカマキリ　83
ハラオカメコオロギ／タンボコオロギ　84
コオロギの違い　85
アカボシゴマダラ　86
ホシササキリ／シオカラトンボ　87
運動会　88-89
ハラヒシバッタ／イボバッタ　90
アシブトチズモンアオシャク　91
ツチイナゴ／サトクダマキモドキ　92
オオゾウムシ　93
ヒョウタンゴミムシ　94
ツヤアオカメムシ／ホシホウジャク　95
マダラズ／アカウラカギバ　96
アカウラカギバの擬態　97
ヒメホシカメムシ／マユタテアカネ　98
ミズカマキリ　99
ツヅレサセコオロギ／ダイリフキバッタ　100
コバネイナゴ／ルリタテハ　101

種子のいろいろ　102-103
マテバシイ　104
アベマキ／スギ　105
ヤシャブシ　106
メタセコイア／スダジイ　107
イガオナモミ　108
オナモミの付く力＝マジックテープはここから生まれた　109
カラスウリ　110
タウコギ／チカラシバ　111
ススキ／ジュズダマ　112
ヒメヤママユ　113
トウカエデ　114
トウカエデのプロペラ　115
クロマツ　116
マツボックリの実験　117
モンシロチョウ／イチョウ　118
ウラナミシジミ／オシロイバナ　119
テイカカズラ　120
テイカカズラとセイヨウタンポポの綿毛の違い　121
セイヨウタンポポ／テッポウユリ　122
ヒメツチハンミョウ　123
モンキチョウ　124

子どもの昆虫工作「ジョウオウカマキリ」　125
ケヤキ／クリ　126
イタヤガイ　127
ビワガイ／ハルシャガイ　128
ナガニシ　129
ウチムラサキ／ハナマルユキダカラ　130
完全なハナマルユキダカラを求めて　131
カコボラ　132
クチベニガイ／ナデシコガイ　133
ヒガイ／ウキダカラ　134
珍しい貝を探し求めて　135
ウラシマガイ　136
貝殻拾いのスポット／子どもの工作　137
2学期終業式　138-139
館山の自然にみせられて　140-141
3学期始業式　142-143
野菜のいろいろ　144-145
オデンダイコン　146
黒板アートの描き方　147
ワケギ／ブロッコリー　148
ムラサキダイコン　149

キンカン／アイスプラント　150-151
シイタケ／シュンギク　152
レモン　153
イチゴ（ヤヨイヒメ）　154
ハッサク／カブ（コカブ）　155
サトイモ／セレベス　156-157
ハス（レンコン）／サツマイモ（紅はるか）　158
ネギ／ホウレンソウ　159／159
チンゲンサイ／エンドウマメ（スナップエンドウ）　160
デコポン／ショウゴインダイコン　161
ロマネスコ　162
ロマネスコの螺旋構造　163
フキノトウ　164-165
ミズナ／カリフラワー　166-167
ハクサイ　168-169
ナバナ／ルッコラ　170
ラディッシュ　171
コマツナ／リーフレタス　172
ニラ／カンベレタス　173
花のいろいろ　174
ユリ　175
クキブロッコリー（スティックセニョール）／セロリ　176

タマネギ　177
フキ　178
蜜を求めて　179
キンギョソウ　180
葉タマネギ／カリフラワー（オレンジブーケ）　181
コウタイサイ／ムラサキキャベツ　182
わさび菜／キャベツ　183-184
ホトケノザ／ナバナ（アブラナ）　185
ナズナ　186
ナズナ（ペンペン草）の遊び方　187
カントウタンポポ　188
（菜の花と白い校舎）　189
卒業式　190-191
子どもの変容　192-193
あとがき　194
上野さんと黒板アート　195
黒板アートの歩み　196-197
年間一覧表　198-199

１学期始業式

この学校では、3年生が初年生。だから出会いはとても大事だ。
この黒板の前で、いっしょに絵を見る子どもたちを想像しながら描いた。
こうして春が始まった。

すてきな一年間にしましょう。

上野 広祐

ようこそ
館山さざなみ
学校へ

植物のいろいろ

　ただ雑草として見ているうちは、草一本の違いにも気付かないだろう。どれにも名前がついているということを知ってもらいたい。名前を知ることで、植物を身近に感じる。やがてそれが、生活の豊かさにつながっていく。

　そこで、よく知られているタンポポから紹介しようと考えた。でも、ただのタンポポではない。タンポポにもいろいろな種類があるのだ。そして、植物を使って遊びながら体験を通して身近に感じてもらうことも大切だと考えた。自然の物を素材にした遊びも楽しいのだ。

　いろいろな事情で下を向きながら登校する子もいる。下を向きながらでも目にする雑草の名前を知っていることが、その子にとっては、何かの力になるかもしれないのだ。そんな願いももちながら、植物を紹介することにした。

セイヨウタンポポ（キク科、10〜20cm）

絵を見たとたん子どもは「タンポポ」と言った。「タンポポじゃないよ。」と私が言うと、子どもは私が置いておいた図鑑を見始めた。「あっセイヨウがつくんだ。」と言った。同じ種類も細かく分類されるんだと分かってほしかったのだ。

オニノゲシ（キク科、50〜100cm）

「オニノゲシ」と「ノゲシ」の違いについて気付かせたかった。「オニノゲシは触ると痛いんだよ。」と、あとあとまで子どもたちは言っていた。葉っぱが硬いのが特徴なんだ。

スギナ（トクサ科、10〜40cm）

よく見かけるな…と思うといつの間にか目につかなくなってしまう。だから、私はすぐに描いた。「ツクシ」とよく呼ばれているが和名は「スギナ」。スミレも4月に描こうとしたが、こちらはいつの間にか見えなくなってしまっていたのだった。

ウラシマソウ（サトイモ科、20〜50cm）

子どもたちに紹介した草はできる限り廊下に置いて、みんなにも見てもらえるようにしている。
保護者参観の時に、子どもが家の人に見せて、「ウラシマソウっていうんだよ。」と自慢していた。
私は嬉しかった。

シロツメクサ（マメ科、10〜20cm）

葉っぱの模様が白い爪のように見える。子どもたちは「あっ、本当だ。」と自分の指の爪と比べる。後で子どもたちは四つ葉のクローバーを見つけては喜んでいた。

ヘラオオバコ（オオバコ科、20〜70cm）

館山には「オオバコ」はあまり見られない。その代わりに「ヘラオオバコ」はよく見かける。「ヘラ」について説明したが、子どもたちはあまり知らないようだった。後で、花柄を取って草相撲をして遊んだ。

 オオミズアオ（ヤママユガ科、80〜120mm）

朝、家を出ると壁に真っ白な大きな蛾が止まっていた。羽化したばかりのオオミズアオだ。
これって本当に蛾なの？と子どもたちが驚く。天使のようなその美しい翅に息を飲むのだった。
朝の会が終わると「僕が逃がしていい？」と、ベランダの床にそっと止まらせた。
授業の途中で見てみると、もういなくなっていた。

マツヨイグサ（アカバナ科、60〜100cm）

海辺でよく見かける花だ。教室に飾ってしばらく経つとアブラムシが大量についていた。びっくりするかと思いきや、「これ、カマキリの餌にしていい？」と大事そうに切って虫かごに入れていた。自然の中の生活にもだいぶ慣れてきたようである。

コメツブウマゴヤシ（マメ科、10〜60cm）

小さな黄色い花が、地面一面に咲いている。田んぼのあぜ道によく見かけるが、種類の区別は非常に難しい。葉っぱの形や花の咲いている数が違うと種類が変わってしまうのだ。これまで、植物名は空欄にしていたが、それでは難しいので今回からは名前の文字を〇抜きで表すことにした。この方が子どもには好評であり、今もこのスタイルを続けている。

ウラジロチチコグサ (キク科、8～25cm)

「チチコグサ」と「ウラジロチチコグサ」の区別は、葉の裏側に触ってみないと分からない。休み時間、子どもたちは校庭でそれらしいものを見つけては、一つずつひっくり返して葉っぱの裏を確かめていた。微妙な違いを見つけては喜んでいた。

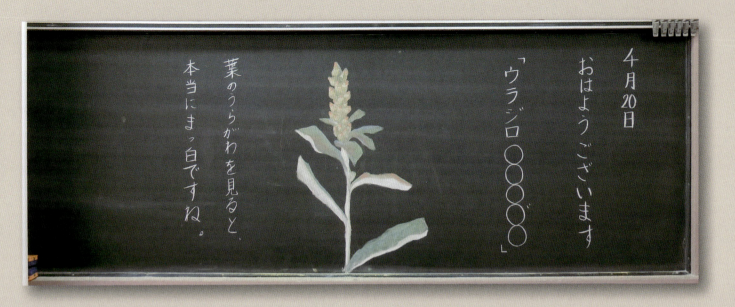

4月20日
おはようございます
「ウラジロ○○○○」
葉のうらがわを見ると、本当にまっ白ですね。

ハナイバナ (ムラサキ科、5～30cm)

「キュウリグサだよ。」と紹介したくて摘んできたが、描き終わって葉っぱを揉んで見るとキュウリの匂いがしない。「あれっ。」と思って名前を調べ直すと、「ハナイバナ」であった。もうここまで描いてしまったから…と思い、そのまま名前のところだけを変えた。後でもう一度匂いを嗅いでみたら、少しだけキュウリの匂いがした。負け惜しみかな。

4月21日
おはようございます
「○○○○○」
少しかがんでのぞきこめば小さな花も見つかりますよ。

カラスノエンドウ（マメ科、20〜120cm）

太い豆を探してきて、吹いてみた。よい音はしなかったが、子どもたちは興味をもったようだ。この時は緑色だったが、「種がカラス色になるからこの名前がついたんだよ。」と話しておいた。何日か経って「黒い種があったよ。」と報告してくれた子どもがいた。こういう時が私は嬉しい。

4月23日　おはようございます　「○○○ノエンドウ」鳥の名前が入ります。　名前のゆらいを考えてみましょう。

ヒメオドリコソウ（シソ科、10〜25cm）

花の蜜を吸うと甘いんだよというと、「吸ってみたい。」という反応である。でも、知らないものは口にさせてはダメか…と思い、「お家に帰ったら一緒にやってみてね。」と言った。こんな自己規制が必要な世の中になったんだ。

4月24日　おはようございます　「ヒメ○○○○○」　花のねもとのみつはなめるとあまくておいしいですよ。

4月25日 おはようございます「〇〇〇〇〇」

くきを切ると中は空っぽで つぼみがたれているのが とくちょうです。

ハルジオン（キク科、30～100cm）

ヒメジオンとハルジオンはよく似ている。
花びらの色で区別できるというが、それは難しいのだ。
「茎に空洞があるのがハルジオンだよ。」
と言うと子どもたちは楽しそうに切って調べていた。

ハルジオンとヒメジオンの区別

ハルジオンの茎の中身は空洞になっているのに対し、ヒメジオンの茎の中身は詰まっている。

ハハコグサ（キク科、15〜40cm）

春の七草には「ゴギョウ」として出てくる草だ。「ハハコグサ」と「チチコグサ」をセットで知って欲しいと思った。花も葉も触るとふわふわしている。子どもたちはその感触を味わっていた。

カタバミ（カタバミ科、3〜10cm）

「葉っぱがハート型だ。」「シロツメクサに似ている。」と子どもたちは言う。昔の人たちは、酸っぱさを味わったそうだ。「カタバミ」という名前には噛むとか食べるとかいう言葉が入っているそうだ。小鳥がえさをついばむも同じだろう。草の名には昔のことばが残っているのもあるのだ。

ニワゼキショウ（アヤメ科、10〜20cm）

校庭で見つけて調べてみたら、日当たりの良いところで咲くということだった。この花を紹介した後で、子どもたちと一緒に校庭に見に行った。「ここにもあったよ。」と言って見つけていた。確かに日当たりのよい所だった。

ノアザミ（キク科、50〜100cm）

今日から、新しい子が入ってくる。ノアザミを彼にプレゼントしたいと思った。自転車で学校の裏山に登るのはきつかったが、取ってきてよかったと思った。ノアザミの強いところが私は好きなのだ。

ギシギシ（タデ科、40〜100cm）

私が描いていると、通りかかった先生が「わたし、これ小さい時に吸っていたよ。」と言う。調べてみるとこの「ギシギシ」に似た「スイバ」というものがあり、それが酸っぱいのだった。本には書いてない面白い知識が、増える瞬間である。

イヌムギ（イネ科、40〜100cm）

花びらのない花もある。目立たなくても立派な花なのだ。「実を開けると何か出てくるよ。」と言うと、子どもたちは一生懸命探していた。種を見つけると、筆箱にしまった子もいた。

 ヤモリ（ヤモリ科、10〜14cm）

朝、網戸をみるとくっついていたヤモリ。見せると子どもは大はしゃぎ。その日から一生懸命餌を探して育てていた。
他の学年の子どもたちも「次は僕にもちょうだい。」と言って夢中になって見ていた。

ユウゲショウ（アカバナ科、20〜60cm）

だんだん紹介する花が少なくなり、自転車で山を越えてやっと見つけた花だった。私の苦労を子どもに言ってもしょうがない。興味をもたせるために、クイズを出した。ユウゲショウだけど、昼に咲く。その面白さを伝えたかった。

5月10日
おはようございます
「〇〇ゲショウ」
この花は〇〇になるとさくそうです。

ムラサキツメクサ（マメ科、30〜60cm）

この花も山を越えて見つけてきた花だ。見せると、「シロツメクサと似ている。」と子どもが言う。「〇〇〇〇には色が入るんだ。」と言うと、そこから「ムラサキツメクサ」という名前に気付いていった。

5月11日
おはようございます
「〇〇〇〇〇〇クサ」
葉っぱに入ったもようが前に習ったある植物ににていますね。

 チガヤ（イネ科、30〜80cm）

昔は、この葉っぱで餅を包んでちまきを作っていたらしい。
子どもたちにそんな話をしたが、あまり実感はなかったようだ。
浜辺に遠足に行った時、子どもたちはこの穂を取ってきてはくすぐり合って遊んでいた。

ヒルザキツキミソウ（アカバナ科、30〜60cm）

なかなかうまく描けたのではないかなあと、自分でも満足した1枚。
きれいな花だなあ…と思う素直な心が、絵にも伝わるような気がしている。
だから、私は雑草を見つける時は一生懸命探す。一番のお気に入りを一つ選んで
この角度から描きたいなあと思えたものを摘んでくることにしている。

ミヤコグサ（マメ科、5～40cm）

ふと外に出ると、学校の裏にある黄色い花を見つけた。初めて見る花だ。子どものためとは言いながら、こんな時私は少し興奮する。旅に出た都人が故郷を偲んでつけそうな名前だ。都とは、ここにいる子どもたちにとっては東京なのだ。

5月16日
おはようございます
「〇〇〇グサ」
学校の北門前に生えています。道ばたや海岸に生える草です。

ドクダミ（ドクダミ科、20～35cm）

「名前に毒がつくけれども…。」と子どもたちは不安そうだった。「これは、昔はよく薬として使われていたんだよ。」と話した。「毒ではないから触ってもいいよ。」と言うと、手についた匂いにびっくりして何度も手洗いをしていた。今も薬草として使われている。

5月17日
おはようございます
「〇〇〇〇」
薬としても使われます。
葉をさわるととても強いにおいがつきます。
ぜひ、おためしを。

 ハマヒルガオ（ヒルガオ科、つる性）

子どもたちと一緒に18km歩いた白浜ウォーキングの時に見つけておいた花だ。
後で取りに行ったのだが、自転車で往復1時間もかかった。
名前は「ヒルガオ」なので、朝には咲いていないかと不安に思い、
その日の夜のうちに教室に入って描きあげた。朝になって見たら、花は咲いたままだった。

このハマヒルガオを見ると、
『ハマヒルガオのちいさな海』の話を思い出す。
知らない世界がたくさんあるのだ。

オニタラビコ（キク科、20〜100cm）

「先生、この花はなんていう名前なの。」と聞かれて嬉しかった。それで早速、この花を紹介することにした。「ノゲシ」と似ているが葉っぱの形が違うのだ。子どもたちの植物を見る目も養われてきているようだった。

5月18日
おはようございます
「オニ〇〇〇」
今日は白浜ウォーキング
いろいろな春を
見つけられるといいですね。

ツルニチニチソウ（キョウチクトウ科、つる性）

これは、子どもに教えられて見つけた花だ。子どもたちは自分から図鑑を見るようになった。ある日、ページをめくっている時、「僕はこの花が一番好きだなあ。」と言った子がいた。そういえば、この近くにも生えていたなと思い出してとってきたのがこの花だ。だから子どもたちは名前を調べる前から分かっていた。

5月22日
おはようございます
「〇〇〇〇〇〇ソウ」
地面を
はうようにして
さいています

ナガミヒナゲシ（ケシ科、20〜60cm）

胡椒を振った時のように種がこぼれ出る雑草だ。一つの花から1000個近くの種がつくられる。子どもたちは、種ができるのが楽しみで、ずっと観察していた。種がたくさんできた時は、「ひゃー。」と言って驚いていた。

トキワツユクサ（ツユクサ科、20〜30cm）

夏が近くなると、山のこかげに一斉に咲く。「トキワツユクサ」の名前に友達の名前を連想し、考えながらじっくりと眺める子がいた。花と人とのつながりを考える子もいる。

オオイヌノフグリ
（ゴマノハグサ科、10〜30cm）

4年生になったら国語の教科書に、草野心平の『春のうた』の詩がでてくる。その中に「ほっ いぬのふぐりがさいている。」と書かれている。その時に思い出してもらえれば嬉しいことだ。

スズメノカタビラ（イネ科、10〜30cm）

これは覚えてほしかった。昆虫の餌として使用するにはもってこいの草だからだ。バッタを育てていると、「スズメノカタビラを入れなくっちゃ。」という何とも専門的な会話が聞こえてくるようになって、思わず笑ってしまった。

山の道

学校の近くの山道にはとてもお世話になった。季節を感じながら走らせる自転車は心地よい。

貝のいろいろ

　赴任した頃のことだった。子どもたちは窓から海を見ながら「行ってみたいなあ。」と寂しそうだった。しかし、簡単には海に連れて行くわけにはいかない。泳いだり、魚釣りをしたりすることは限られているからだ。そこで、子どもたちは貝殻拾いならいいだろうと思いついた。それならできるかもしれないと思って、私は「沖ノ島」の浜辺に行ってみた。そこには、たくさんの貝殻が落ちており、種類が豊富だった。そこで拾ってきた貝殻を教室に並べると、子どもたちは嬉しそうに眺めて喜んでいた。
　沖ノ島は貝殻の宝庫で、館山海辺の鑑定団という団体が貝殻について調査していることがわかった。子どもたちは貝殻を拾うと

ともに、その団体にインタビューをすることにした。新聞記事を書くというのがねらいだった。このことは、他の子ども達にも伝わり、貝殻に興味をもつ子が増えていった。
　翌年からは、この貝殻を紹介することにした。貝にも様々な種類があることに気付いてほしかったのだ。紹介しただけで、子どもたちは遊び始めた。そして、集め始めた。ある子は、手作りの箱を作り、コレクションをしていた。木目までつけた箱を作り、貝殻を並べている子もいた。もうこうなると博物館の展示物になっていた。集めたり、並べたりする中で会話も弾んでいった。興味も高まった。タカラガイは種類が多くて見分けるのが難しいのだが、微妙な違いを元に図鑑で正式な名前を調べるようになった。
　拾うことの楽しさだけではなく、調べたり、分類したりする楽しさを子どもたちは見つけていった。学問の初歩がここにはあるのだ。

キサゴ（ニシキウズガイ科、2.5cm）

「江戸時代にはこの貝でおはじき遊びをしたんだよ。」と言って配ると、
子どもたちはすぐに遊び始めた。「名前を覚えていったら貝を毎日あげるよ。」と言い、
この日から子どもたちの貝殻コレクションが始まった。

自然のもので遊びを広げる

キサゴを床に散りばめれば、おはじき遊びが始まる。
子どもたちは、買ったものでなく、自然の中の物で遊べるのだ。

エガイ (フネガイ科、4cm)

館山ではよく目にする貝だ。ただ集めればいいというものではない。貝の表面についている黒い殻皮が残っているものの方が完全な形で価値が高い。そんなことを言いながら集めている。

5月29日
おはようございます
「○○○」
このあたりの砂浜で多く見つかります。長丸で黒い皮がついているのがとくちょうです。

アマオブネガイ (アマオブネ科、1.5cm)

はじめはさざなみ学校に来るのを渋っていたが、この貝殻遊びが楽しくて入校するようになった子が何人もいる。手の中で転がすとパカパカ音がする。

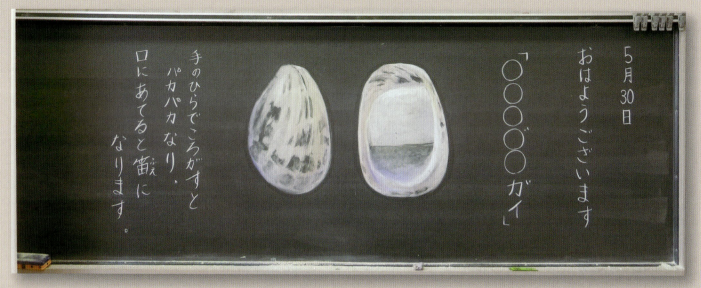

5月30日
おはようございます
「○○○○ガイ」
手のひらでころがすとパカパカなり、口にあてると笛になります。

ハクシャウズ（ニシキウズガイ科、3cm）

子どもたちにウズ模様を伝えたいのだが、コメントでは無理だろうと思って、下から見た絵も描いた。時間がかかったが、それがよかったのだ。廊下を通りかかった調理さんが、「すごく綺麗な絵だね。」と言って、次からも時々覗いてくれるようになった。話題が広がるのが嬉しかった。

オオヘビガイ（ムカデガイ科、7cm）

まるで本物のへびのようだ。地元の人から話を聞くと、殻口から糸を出して海中の生き物を捕まえて食べるそうだ。形も奇妙だが生態も奇妙だ。子どもたちは、ぽかんとしながら話を聞いていた。

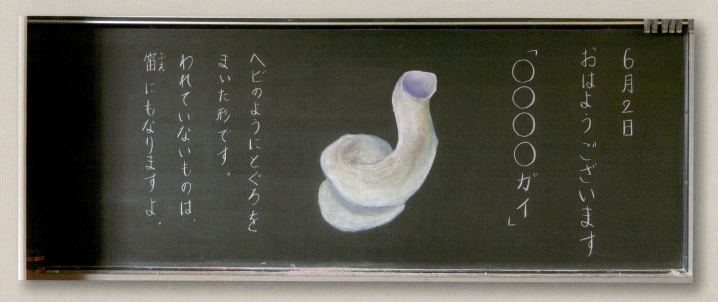

マツムシ（タモトガイ科、1.5cm）

見せると、「小さくて模様がきれいだね。」と言う子どもたち。
名前の由来となった本物の昆虫の松虫も見せたかったのだが、時季が悪かった。
その代わり、「あれ、マツムシが鳴いている♪」と歌ってあげた。

マツバガイ（ヨメガカサガイ科、6cm）

笠形の貝殻も紹介することにした。松の葉の形の特徴もあり、名前も覚えやすい。子どもたちは、意外とこの貝を気に入り、カサガイだけを使った「カサガイタワー」（p.137参照）という作品も作っている。

トコブシ（ミミガイ科、8cm）

「うちの子が、『お母さん、トコブシの穴の数が8つなのは3年1組の常識だよ。』って言うんですよ。」と、ある母親の話。それを聞いて常識だなんて、気恥ずかしい思いもしたが、嬉しさもあった。学んだことを、子どもは伝えたいのだ。

ツタノハガイ（ツタノハガイ科、3cm）

どれだけの子が、蔦の葉を知っているだろうかと、不安もあった。それで、『まっかな秋』を歌ったら、「ああ。」と納得の声をあげていた。でも、本当に知っていたのだろうか。

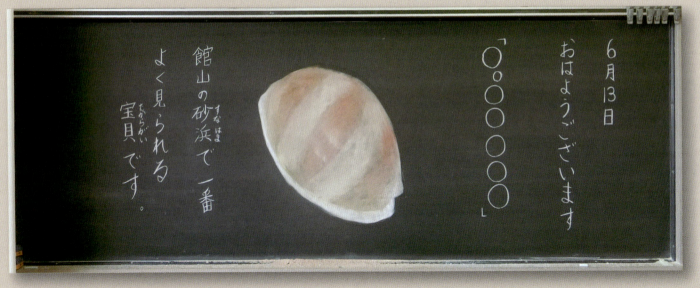

チャイロキヌタ（タカラガイ科、2cm）

貝殻コレクターが夢中になるのは、タカラガイだ。だから、早く紹介したくてたまらなかった。裏側のギザギザ模様の特徴からは種類を区別しにくいので、表側から見ると分かりやすい「チャイロキヌタ」を描くことにした。斜めから描いたが、どうもうまくいかなかったようだ。次からは、表と裏の二面を描くことにした。「キヌタ」も昔の言葉だ。

標本コレクション

　教室には、館山で採集した「貝殻」「昆虫」「種子」等の様々な標本を置いている。休み時間になると、いつの間にか集まってくる。そして、ここから会話が始まる。また、子どもたちは自分のコレクションも欲しくなり、自分の標本を作り始める。

 トマヤガイ（トマヤガイ科、2.5cm）

「苫屋（とまや）というのはそまつな小屋のことで、その屋根の形に似ているんだよ。」
と、イラストをつけて紹介した。教えると、子どもたちはすぐに名前を覚えた。
難しいかなと思ったけれども、思いのほか子どもたちは理解したようだった。

バテイラ（ニシキウズガイ科、4cm）

馬の蹄（ひづめ）からつけられた名前だ。派手ではないけれども色の深みに気付いて欲しくて描いた。チョークは変幻自在である。主事さんが「これを食べると美味しいよ。」と紹介してくれたが、私はまだ食べていない。

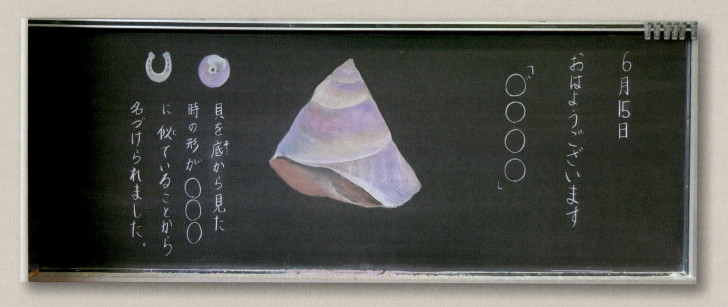

6月15日
「〇〇〇」
おはようございます
貝を底から見た時の形が〇〇〇に似ていることから名づけられました。

サザエ（サザエ科、6cm）

体験入校生が来た時に描いた。漫画でもお馴染みのみんなが知っている名前だ。「そうかあ、こんな貝だったのかあ。」と体験生は喜んだが、在校生は、「なんだ。知っている名前じゃつまらないよ。」という反応だった。そこにはお兄さんの顔があった。

6月16日
「〇〇〇」
おはようございます
食べるとおいしいです。貝がらを耳にあて、海の音を聞いてみてね。

ベニイモ（イモガイ科、3.5cm）

調べて描いても、間違えることもある。子どもたちに「サヤガタイモ」だと紹介したが、これは「ベニイモ」だった。常に、2冊の本は見比べてチェックするようにしているのだが…。

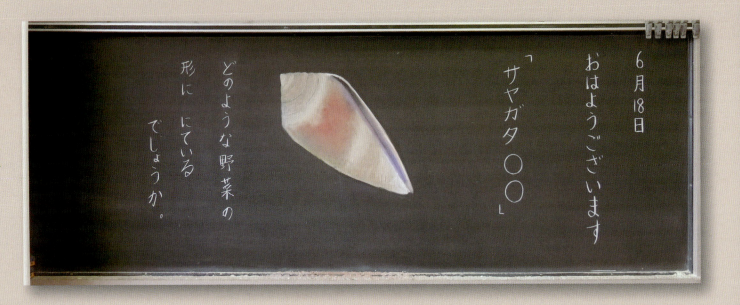

6月18日
おはようございます
「サヤガタ○○」
どのような野菜の形ににているでしょうか。

オニアサリ（マルスダレガイ科、3.5cm）

模様の優美さに惹かれる貝だ。子どもたちは、一つずつ違う模様を見比べながら、欲しいものを選んでいた。この模様をしっかり描くにはかなりの時間を要するだろう。

6月19日
おはようございます
「○○○○○」
貝がらに入った茶色のもようは様々です。すきなもようをさがしてみよう。

 シマメノウフネガイ（カリバカサガイ科、2cm）

みための美しくない貝も描く人の目を通してよいところを伝えれば美しく見える。
アマオブネガイが好きな子どもたちに同じようなスリッパ型であることを意識してほしくて表裏の面を描いた。
本物の貝は、もっと濁った茶色であるが、ピンクがかった色味もなかなかうまく描けたような気がする。

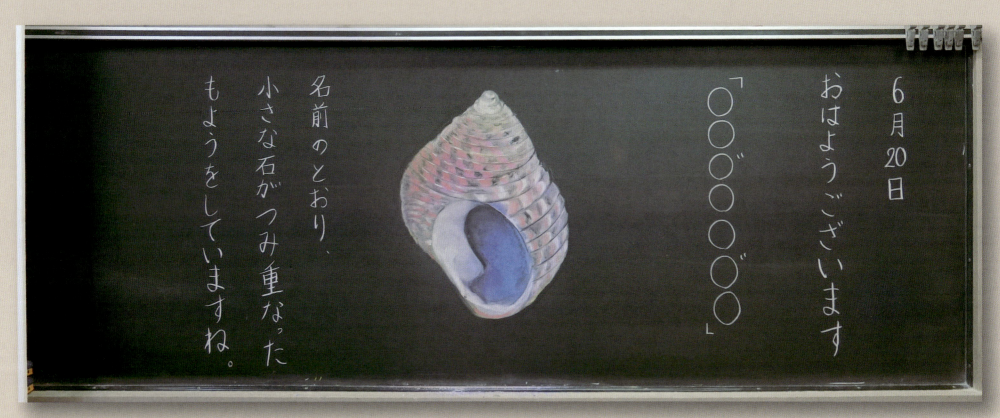

イシダタミガイ（ニシキウズガイ科、2cm）

フランスに行った時、自転車で街を走ると石畳がガタゴトいって心地よかった。
こんな感覚は、日本にいる私たちにはなかなか分からないものかもしれない。
同じ色の石畳の模様が、少しずつずれながら重なっていくのが面白い。

ベッコウガサ（ヨメガカサガイ科、3cm）

5分しかない短時間の中で描いたが、なかなかうまくいったような気がする。短時間で描きあげられるものほどいい作品が多いのはなぜだろう。四角い柄は、折ったチョークの腹を縦に動かしながら描いた。

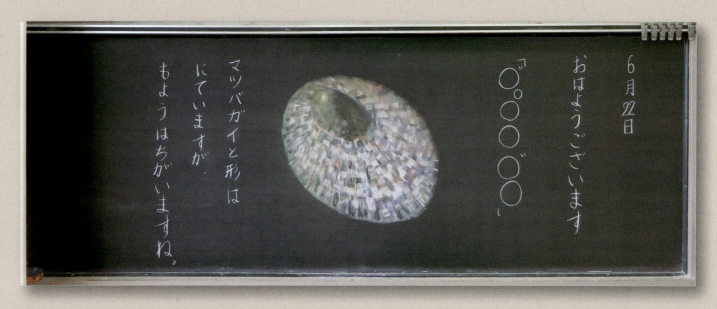

クマノコガイ・クボガイ
（ニシキウズガイ科、3cm）

「比較する」という視点を持ってほしかったため、二種類の違う貝を描いた。クボガイの特徴はざらざらしたくぼみだ。浜辺で拾える貝は図鑑そのままの姿で拾えるとは限らない。実物を見比べることによって微妙な違いに気付いて欲しいのだ。

ハマグリ（マルスダレガイ科、6cm）

平砂浦の海岸にはたくさん落ちている。大きくて立派だなあと思って拾ったものだ。子どもたちは「食べたいなあ。」と言ったが、ここでは無理なので、貝合わせのいわれを話し、この下に小さな貝を隠して神経衰弱をして遊んだ。

6月26日
おはようございます
「〇〇〇〇」
平砂浦の砂浜によくおちています。
みは食べるとおいしいです。

キンチャクガイ（イタヤガイ科、3.5cm）

あまり見つけることのできない貝だ。ピンクの色の鮮やかな所を見せたいと思った。巾着について聞くと「知っているよ。」と子どもたちは言うが、どうも怪しいものだ。そこで巾着袋の絵も描き、使い方も合わせて紹介した。

6月27日
おはようございます
「〇〇〇〇〇〇」
すこのふくろの名前がついています。

ザルガイ(ザルガイ科、7cm)

縦に線がたくさん入っているのが、この貝の特徴だ。45本近くある。絵だけでは読み取れないので言葉を添えることもある。子どもたちは、絵に描かれた線を数えるとともに、実物の貝を見て、「本当だ。」とか、「あれ、ちょっと違うよ。」と言いながら調べていた。始めの頃より、子どもたちの見る視点が確かになっているようだ。

6月28日 おはようございます「○○○○」
たまご形で45本近くの線が入っています。

ネジガイ(イトカケガイ科、2cm)

ネジのように見えるところから付いた名前だ。縦に並ぶ白い模様が美しい。貝に詳しい先生が、「よく見つけたねぇ。」と驚いてくれた。これは、私にとっての最大のほめ言葉であった。時々、この先生には拾った貝を見せて教えてもらっている。

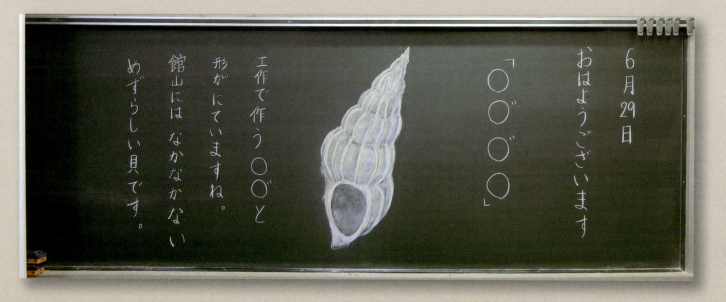

6月29日 おはようございます「○○○○」
工作で作る○○と形がにていますね。館山にはなかなかめずらしい貝です。

1学期 7月

コシダカサザエ（サザエ科、3cm）

真っ白な砂浜の中では、この緑色は際立って見える。だから、子どもたちは「これなんていうの。」と興味津々によく聞いてくる。「特に珍しくはないよ。」と言うと、残念そうに捨ててしまった。子どもには自分の感覚を大事にして欲しいものだ。

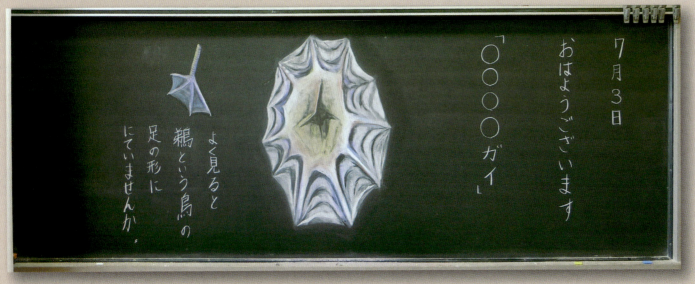

1学期 7月

ウノアシガイ（ユキノカサガイ科、2.5cm）

鵜（ウ）の足の絵を描きながら、説明した。ウノアシガイとキクノハナガイの区別が難しいからだ。私はたくさん貝を拾って区分けしてきたことで、やっとこの区別ができるようになった。大切なのは、貝殻の特徴を捉えることだ。図鑑や本を「うのみ」にしただけではなかなか区別は難しいものだ。

ウノアシガイとキクノハナガイの見分け方

　表（おもて）は、両方とも白い放射上の線が広がっている。しかし、裏は違う。ウノアシガイの殻の淵が白いのに対し、キクノハナガイはキクの花びらのような白い模様がついている。

ウノアシガイ

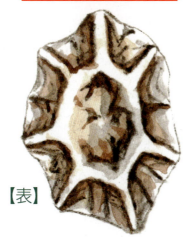
【表】

【裏】

キクノハナガイ

【表】

【裏】

川の生き物のいろいろ

　南房総は、両側を海に囲まれた丘陵地帯である。したがって、川は短く細く海に注いでいる。河口から少し上まで海水が入り込む所もある。

　砂地にも川が流れ、海に注いでいる。そこに行くと、ヨシノボリ、シマドジョウ、ヌマエビ、オタマジャクシが見られる。それらを捕まえて紹介することにした。子どもたちは、このような小動物が大好きである。

砂山の下を流れる小川

ヨシノボリ（ハゼ科、5〜8cm）

砂山の下に流れる川の下で見つけた魚だ。教室の水槽にたくさん入れておいたら、
仲間同士でずっと喧嘩をしていて怖かった。調べてみると、縄張り争いが激しいとのことだった。
この魚は喧嘩をしてよく動くので、子どもたちは興味津々にじっくり眺めていた。
水槽に一緒に入れていたヌマエビがどんどん減っていった。調べてみると肉食だった。
子どもたちと相談して、2匹だけ残して他は放流した。

ヨシノボリの争い

自分の縄張りに仲間が入ると、追い出そうとする。

シマドジョウ（ドジョウ科、8cm）

川で魚を取っていると地元のおばあちゃんが「あんた、何しているの？」と、声を掛けてきた。
捕まえた獲物を見せると、「こんな所にまだシマドジョウがいたんだねえ。」と昔を懐かしむように言う。
館山では、今でも蛍が見られる所もある。農薬のまかれない水の澄んだ土地には、昔からの生き物が残っているのだ。

ヌマエビ（ヌマエビ科、3.5～4.5cm）

砂山に行った時、川で何かを取っている人に声を掛けると、紙コップに入ったヌマエビを見せてくれた。私が子どもの頃「飼ってみたい。」と思っていたエビだ。私も真似して行ってみたら、一匹40円ほどもするヌマエビが、1時間で50匹ほど捕まえられた。

オタマジャクシ（アカガエル科、5～6cm）

いくら調べても種類が分からず、オタマジャクシとしか言いようがない。子どもたちと一緒になって、本とインターネットで調べたことを基にして確認してみたが、なかなか結論が出ない。ここにはアマガエルが多いので、「アマガエルだよ。」とか特徴を見て「トノサマガエルだよ。」とかなかなか結論は出せなかった。だが、子どもたちは、このオタマジャクシを最も気に入っていたようだ。

 ノコギリクワガタ（クワガタムシ科、26〜75mm）

主事さんの友達にクワガタとりの名人がいるという。
主事さんが知り合いからもらったというクワガタをたくさん持ってきてくれた。
虫かごとマットと餌まで付いていた。子どもたちは大喜び。
「今度は自分で捕まえたい。」と言っている子もいた。心遣いが嬉しかった。

ヤブキリ（キリギリス科、31〜58mm）

朝食を子どもたちと一緒に食べていると、網戸についた虫を見て「見て見て。」と大騒ぎになった。それをつかまえてきて描いたのがこのヤブキリだ。夏が近づくにつれて昆虫のサイズがどんどん大きくなっていく。館山の子どもたちはやっぱり虫が大好きなのだ。「あれって名前は何だったの？」と聞いてくる子どもたちに、「図鑑を置いておくから調べてごらん。」と私は答えるようにしている。

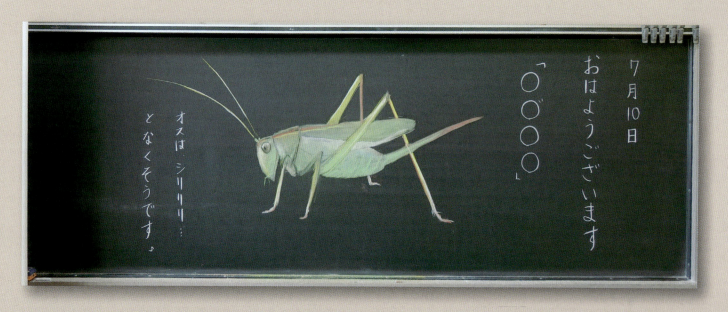

7月10日
おはようございます
「○○○○」
オスは シリリリ…となくそうです。

カイコ（カイコガ科、6〜8cm）

この房総半島にも桑の葉がたくさん見つかる。昔はカイコを飼っていたのだろうか。子どもたちは、ぷっくらと大きくなったカイコが可愛くて仕方がない様子だった。繭になる前にその姿をしっかりと見て欲しいと思ったので、描いた。

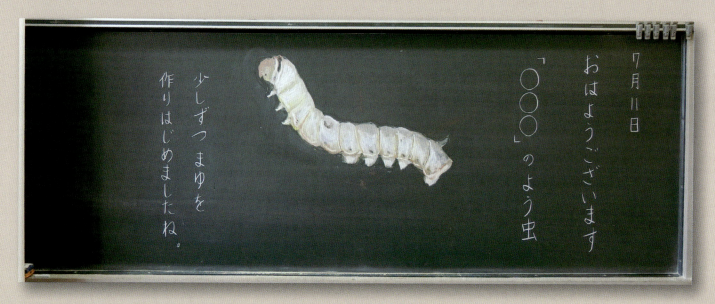

7月11日
おはようございます
「○○○」のよう虫
少しずつまゆを作りはじめましたね。

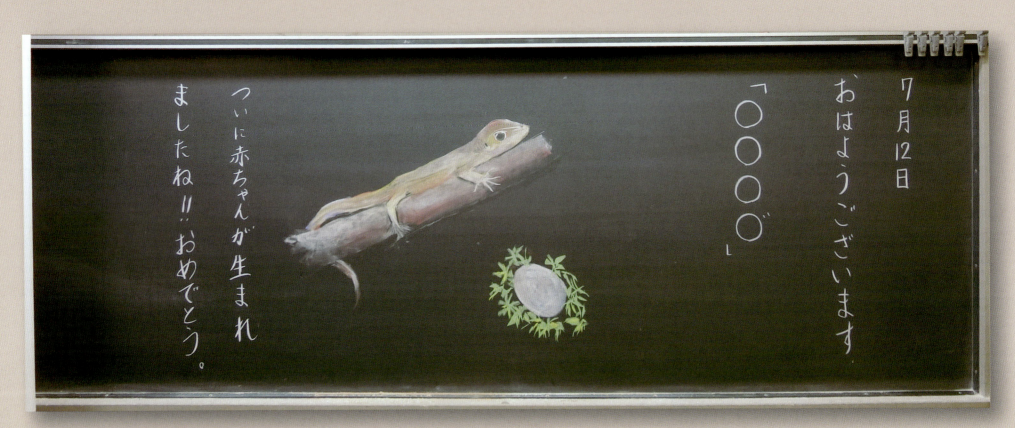

カナヘビ（カナヘビ科、6cm【赤ちゃん】）

「生まれてるんだけど。」―― 6年生の女の子の声に驚く。見ると、カナヘビの赤ちゃんがたまごから孵っている。
産んでから40日近く経つので、私はもうダメかと思っていたのだった。
その子に「これどうするの？」と聞かれたので「餌を捕まえられないから逃しちゃうよ。」と言うと、
「やだやだ。私が飼う。」と言って持って帰った。この子は、たまごを毎日観察し続けていたのだ。
そういう子だからこそ、任せてみようかなと思った。

スズメガイ（スズメガイ科、1.5cm）

小さくて目立たないが、毛がたくさん生えているのが特徴だ。浜辺では、よく見つかるのでその特徴を覚えていて欲しいと思ったので、毛がたくさん生えている新鮮なものを選んで描いた。今では浜辺を歩いている時、「あっ、スズメガイだ。」と見つけて持ってきてくれる子がいる。

7月13日
おはようございます
「〇〇〇ガイ」
笠の形をした貝で表面には毛がたくさん生えています。

ホタルガイ（ホタルガイ科、2cm）

いつもは立って貝殻を探すが、この貝殻は小さいので、しゃがんでほじくり返して探した。見つかった時は、「おお！」と落としたコンタクトレンズを見つけた時のように喜んでしまった。つやの光った感じが目に飛び込んできたのだ。

7月16日
おはようございます
「〇〇〇ガイ」
なめらかで光沢がある。名前は〇〇〇だが光らない。館山の砂浜ではなかなか見つからない。

クジャクガイ（イガイ科、2.5cm）

クジャクの羽の色と似ているというが、どちらかというとピンクがかっているような気がする。絵を描く時には、羽を意識してもらうために毛のような質感が出るような塗り方を心掛けてみた。

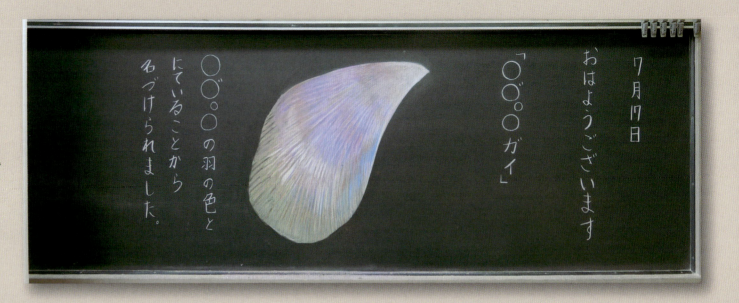

7月17日
おはようございます
「〇〇〇ガイ」
〇〇〇の羽の色とにていることから名づけられました。

クズヤガイ（スカシガイ科、2cm）

穴の開いている貝のほとんどは、他の貝に食べられた貝である。肉食系の貝は歯舌を使って貝に丸い穴を開けて食べてしまうのだ。しかし、このクズヤガイは違う。最初から丸い穴が開いている。その特徴を知ってもらいたくて紹介した。単純な表面的な特徴だけに捉われてはならないのだ。

7月18日
おはようございます
「〇〇〇ガイ」
貝からの上にあいている小さなあなもとくちょうの一つです。

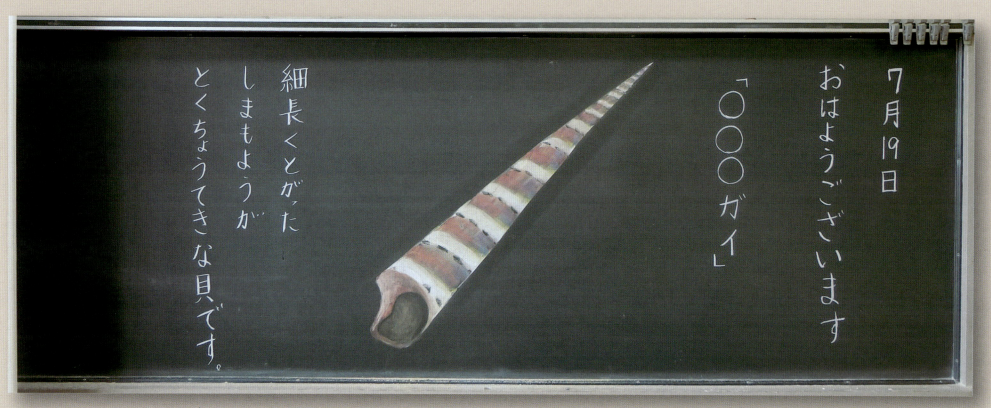

 シチクガイ（タケノコガイ科、2.5cm）

学期末はなかなか忙しい。短時間で描くことが要求される。
その時、「これはいいじゃないか。」と思いついたのが、シチクガイだ。
三角形で単純だし、色も綺麗、塗るのも簡単。あっという間に描きあげてしまった。
今日も、子どもたちの登校前になんとか間に合った。

 オミナエシダカラ（タカラガイ科、3cm）

終業式前の一枚だ。だから力が入る。悩んだ末にこれを選んだ。
子どもたちは、新しくて欠けていない貝を喜ぶが、それだけではないことを知ってほしかった。
古くなり、磨り減った所にも味わいがあるのだ。

摩耗しつつ色が変わる オミナエシダカラ

⑨が摩耗していない貝で、だんだんに摩耗していき①になる。

オミナエシダカラは、すり摩耗の仕方によって色が変わる。新しいのは、斑点模様がぼんやりとしか見えないが、磨り減るに連れて斑点模様が濃くなってくる。さらにすり減ると、今度はその模様が消えて、紫色になる。まるで油絵のようにたくさんの色を重ねているのだ。

私の黒板アートも色の塗り重ねを重視している。

また館山で会う日まで
さようなら
すてきな夏休みを

たくさん学び
たくさん遊び
楽しかった一学期
よくがんばった一学期

1学期で何が一番楽しかったかを子どもたちに聞くと「海」と言う。
泳いだ。生き物と遊んだ。捕まえた。貝も拾った。
いつも友だちが一緒だった。

黒板アートを続けたわけ

　私が、黒板アートを始めたのは今から8年前である。東京・杉並区の小学校へ初任として赴任した私は、第3学年の担任を任された。子どもたちとの初めての出会いをどのように迎えればよいか考えた。そして、廊下を歩いていた時に思い立ったのが黒板アートだ。私が得意な絵を描いて、子どもたちに喜んでほしいという思いだった。はじめて黒板を見た子どもたちは「わぁ、すごい。」「わたしも絵が好きなんだよ。」と感動してくれた。そして、「明日は、何を描くの。」と聞かれた。これが始まりだった。

　しかし、黒板に絵を描けない日もあった。子どものがっかりした表情を見るたびに、「大丈夫。あしたはちゃんと描くから。」とつい言ってしまうのだった。これが原動力となっているに違いない。

　教員生活8年目。館山さざなみ学校も2年目となった時、館山の自然をテーマに1年間子どもたちに伝えられることがあるのではないかと考えるようになった。そこで、毎朝必ず黒板に絵を描くと決め、児童の登校日数である約200日間描き続けることにした。東京からはるばる館山まで来た子どもたちに、館山の魅力をふんだんに味わってもらいたいという思いだった。

　黒板アートをする際は、以下の6項目を必ず取り入れ、紹介することにしている。

　①日付　②名前クイズ　③イラスト　④メッセージ　⑤実物　⑥調べる資料

今日から新学期
うれしい転入生
思い出 たくさん
つくりましょう。

9月2日
夏休み
楽しかったですか。

今日から転入生がやってくる。
犬が少し首を曲げているのが、やわらかい感じだ。
真正面からみられると入りにくいからなあ。
そんな気持ちがあったのかもしれない。東京の母も犬が好きなのだ。

2学期始業式

昆虫のいろいろ

　子どもたちは昆虫が好きである。春の頃から、小さなバッタやカマキリを捕まえてきた。まだ、幼虫の段階のものも多かったけれども、子どもたちは十分に楽しんでいた。私としては昆虫の魅力を伝えるためには、秋の方がよいと考えていた。体も大きくなり、成虫としての特徴も備えてくるからである。また、秋にはバッタのように跳びはねる虫が多いので捕まえやすく、採集するにもいいからだ。そして、2学期には転校生も入ってきた。昆虫との出会いから始めるのもよいと思った。

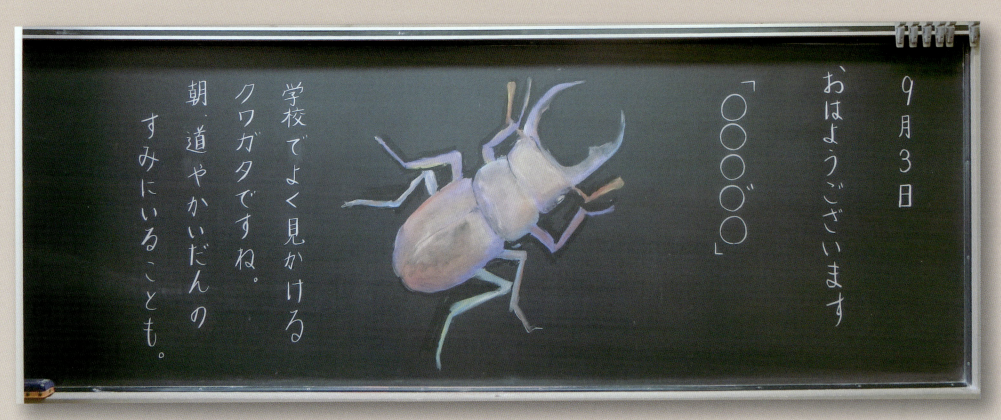

コクワガタ（クワガタムシ科、17〜54mm）

9月、2学期の始まりだ。だからコクワガタにした。この日、転入生を迎えた。
はじめは、友達との会話がほとんどなかったが、ふとした時にコクワガタを見に行った。
そうすると、友達も寄ってきて「触れる？」「俺はできるよ、ほら。」「やってごらんよ。」と会話が弾むのだった。
教室の団欒は、コクワガタから始まった。このコクワガタは主事さんがつかまえてきてくれたものだった。

オンブバッタ（バッタ科、20〜47mm）

秋の草むらを歩いていると、すぐ飛び立つのでよく目立つのがバッタだ。その中で最も多いのがオンブバッタだ。
子どもたちはバッタを追いかけて捕まえてきては喜んでいるが、種類の区別はそんなに簡単ではない。
その手始めにもっとも捕まえやすいオンブバッタを紹介することにした。

ショウリョウバッタモドキ
（バッタ科、27〜57mm）

草むらを探し回っていると、ショウリョウバッタモドキが見つかった。「○○モドキ」や「ニセ○○」という名前の生き物を見るとかわいそうに思うが、人間が勝手につけた名前である。それにはお構いなしに、子どもたちは「背中の色がきれい。」と言って喜んでいた。

ショウリョウバッタ（バッタ科、40〜82mm）

お盆の時の精霊船と似ていることからつけられた名前のようだ。捕まえた時は、明日は喜んでくれるだろうと胸が弾んだ。これを見て子どもから「先生、こんな大きいのどこでつかまえたの。」と聞かれた。東京から来た子どもたちにとって10cm近くあるこの大きさが魅力的であり、感動をよぶのだ。

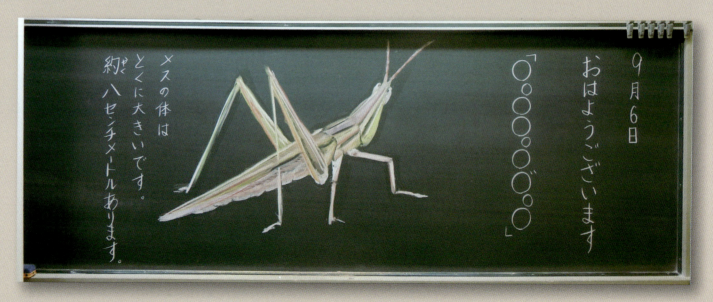

トノサマバッタ（バッタ科、35〜65mm）

9月に転入したばかりの子がトノサマバッタをもってくる。聞くと「○○先生にもらった。」という。
嬉しそうに私に見せながら「明日これ黒板に描いてね。」と言う。よし描くぞと思った。
私は、バッタを間にして、転入したばかりのその子と会話できたのが嬉しかった。

子どもの話をもとに考えさせていく＝「どうして」という問いが思考を促す

　子どもが見つけて「描いてね。」と言って持ってきた時、私は必ず「どうして」と問いかけることにしている。子どもは描いて欲しい理由や、見つけたり、捕まえたりした時の様子を話してくれるからだ。そういう会話を私は大事にしたい。これを続けていると、私が「どうして？」と聞く前に「〇〇だから先生、これ描いてよ。」と子どもたちが言うようになってきた。問いが内在化することで思考が深まるのだ。

ハンミョウ（オサムシ科、18〜23mm）

遠足の下見で出かけた鋸山のふもとの沢で見つけたものだ。図鑑では見たことがあるが、本物を見るのは初めてだった。子どもに見せると、「おお、すげぇ。テレビでは見たことがあったけど、初めて見た。」と感嘆の声をあげていた。私も一緒になって「でしょ、でしょ。」と興奮していた。

9月10日
おはようございます
「〇〇〇。〇」
鋸山の川の近くにたくさんいました。するどいキバがあります。

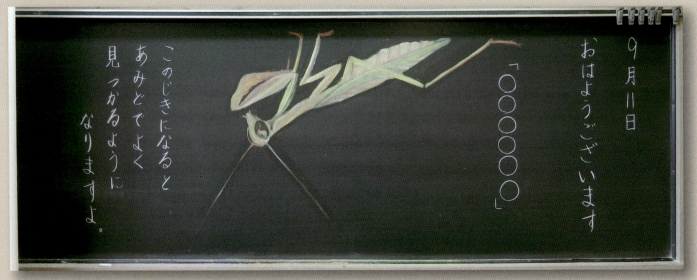

9月11日
おはようございます
「〇〇〇〇〇」
このじきになるとあみどでよく見つかるようになりますよ。

オオカマキリ（カマキリ科、68〜95mm）

3年生4人が1年間の中で最も夢中になったのは、オオカマキリだ。学校だけでなく、寄宿舎でも部屋の中で放し飼いにし、毎日じっくり観察していた。普段は人間を威嚇するカマキリも、子どもたちといる時間が長すぎたためか、気付いたら人間にもなついてしまっていた。正面から手を出して持とうとしてもカマキリが自分から手のひらに乗ってくる様子を見て、昆虫もペットのようになってしまうのかと驚嘆した。

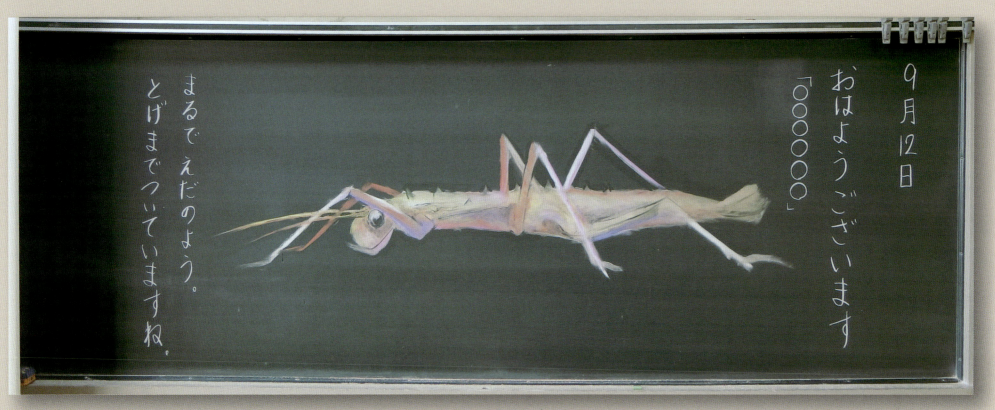

トゲナナフシ（ナナフシ科、57〜75mm）

私が昆虫探しに躍起になるのが夜だ。電灯に照らされた真っ白い壁に昆虫がついている。そうやって見つけたのがトゲナナフシだ。
「初めて見た。飼ってみたい。」と子どもたちは言った。餌が難しいかなと思っていると、
次の日「ドングリやバラの葉っぱを食べるみたいだよ。」「餌が分かったから飼ってもいい？」と、子どもたちはちゃんと調べてきていた。
私が用意した図鑑には書いていなかったものをどこかで調べてきたのだ。

クルマバッタ(バッタ科、35〜65mm)

図鑑などでは、上から見たり、横から見たりした写真が紹介されていることが多い。でも、角度を変えると、魅力的になることもあるのだ。斜め前方から見たこのバッタは、仮面ライダーに似ている。実は、子どもたちが好きなアニメの中にも昆虫からヒントを得たものが多いのだ。固定された視点にとどまってはならない。

9月12日
おはようございます
「○○○○○」
よく見るとトノサマバッタとはもようがちがいますね。

エンマコオロギ(コオロギ科、29〜35mm)

閻魔大王のように怖い顔を描こうとしたが、思ったようにうまくいかない。登校してきた子たちに「どう描いてもゴキブリみたいになっちゃうんだよね。」というと「そんなことないよ。」と言ってくれた。お世辞かどうかわからないがホッとした。コオロギの雑食性を出そうとしたら、ゴキブリみたいになってしまったのだ。

9月14日
おはようございます
「○○○○○○○」
えんま大王の顔にそっくりなのが名前の由来(ゆらい)です

 アオドウガネ（コガネムシ科、18〜25mm）

正面から昆虫を見ることの面白さを伝えたかった。
この絵を紹介した後である児童は、この正面から見た様子が気に入り、
私に「一番好きな昆虫。」と言ってサッカーをしながら手のひらに握って遊んでいた。
描き方を工夫することで、子どもが昆虫に対してもつイメージも変わってくるのだ。

ナナホシテントウ
（テントウムシ科、5〜8.6mm）

ナナホシテントウは、今までの昆虫とは違って圧倒的に小さい。子どもたちは大きなものが好きだから、どんな反応をするかなと思っていたが、教室に入ったら「ナナホシテントウ。」と言っていた。知っているものが紹介されたことが嬉しかったようだ。この後、星の数を調べたり、この虫がアブラムシを食べているという話題に広がっていたりした。

ハラビロカマキリ
（カマキリ科、45〜68mm）

「小さいカマキリだなあ。」と思ってよく見ると、他のカマキリよりも腹が太い。翅の所に黄色い点がついている。子どもたちにもこの黄色い点に目を止めて欲しいと思った。だから、斜め前方から描いてみた。子どもたちはすぐに気付き、「ハラビロカマキリだ。飼ってもいい？」と珍しそうに見ていた。

アオモンイトトンボ
(イトトンボ科、29〜38mm)

以前、イトトンボを見て「このトンボ細いね。」と驚いている子がいた。そこで、イトトンボにはいくつもの種類があることを教えようと思った。また、オス・メスでは色が違うことにも気付いてほしいと思った。オスのしっぽの鮮やかな青さが名前の由来になったのだろう。メスは鮮やかな青でなく、茶色である。

9月20日
おはようございます
「〇〇〇〇〇〇〇〇〇」
体が糸のように
細長いトンボですね。

コカマキリ（カマキリ科、36〜63mm）

オオカマキリの幼虫と区別がつきにくいのが、このコカマキリだ。カマの内側の白黒模様が違うのだ。そこが、よく分かるように、角度を変えて描いてみた。冬になって子どもが、コカマキリの卵を見つけてきた。オオカマキリとは違い、細長かった。子どもたちは「卵の形まで区別できるようになったのか。」と、嬉しかった。

9月20日
おはようございます
「〇〇〇〇〇」
かまに入った
白と黒のもようが
とくちょうてきですね。
下からのぞくと
よくわかりますよ。

ハラオカメコオロギ
(コオロギ科、12〜15mm)

おかめさんに似ているところからこの呼称がついたようだ。顔の平たさをはっきり出すために横から描くことにした。とび跳ねる虫はだいたいこの角度から見ると体の特徴が分かりやすいのだ。とび跳ねる足や翅の大きさが違うからだ。

タンボコオロギ (コオロギ科、13〜17mm)

草むらで虫取り網を振り回した後に昆虫を観察していると、似ていて区別のつかないコオロギが2種類いた。子どもたちは図鑑を見ながら「頭の大きさが違う。」とか「体の大きさも違うよ。」と言いながら、タンボコオロギを識別していった。どこを比べると違いが分かるか、子どもたちはそのコツをつかんできている。

コオロギの違い

よく見ると、頭の形が違う。比べることが大切だ。どこを見て比べたらよいのか。子どもたちにも視点が生まれてくる。

ハラオカメコオロギ

タンボコオロギ

 アカボシゴマダラ（タテハチョウ科、50〜80mm）

鋸山で捕まえた。パタパタと飛んでいるのを見かけた。不規則に上がり下がりするのがチョウの特徴だ。
赤い模様が目に入り、「アカボシゴマダラだ。」と網を振り回したのだった。
大の大人が、必死になって追いかけるなんて…虫探しは人目のつかないところでやることにしている。

ホシササキリ（キリギリス科、21〜27mm）

似た種類のものが多く、区別が難しい。私も図鑑とにらめっこをした。翅の付け根についている黒い模様があるかどうかが、見分け方のポイントだった。それをつかんでもらうために、あえて翅の拡大図を描いて分かってもらおうと思った。

シオカラトンボ（トンボ科、47〜61mm）

「これ、上野先生が描いたんだよ。すごいでしょ。」と言いながら、クラスの子が保健の先生に説明していた。その先生が撮ったのだろうか。少し後になって廊下の「2学期の子どもの生活」のコーナーに、シオカラトンボの絵と一緒に嬉しそうに笑うその子の写真が掲示されていた。絵を見て自慢をしている子どもの姿が保健の先生の目に留まったのだろう。

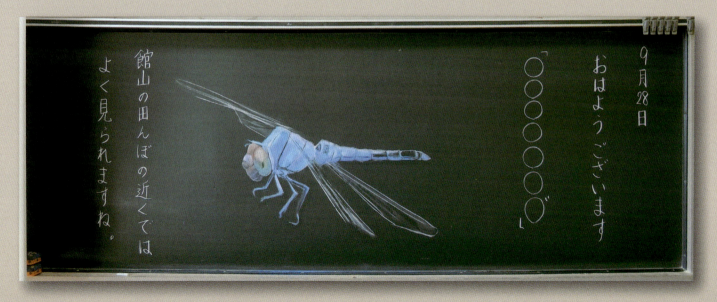

最後まで
全力でかけぬけて
すてきな思い出を
たくさん作りましょう。

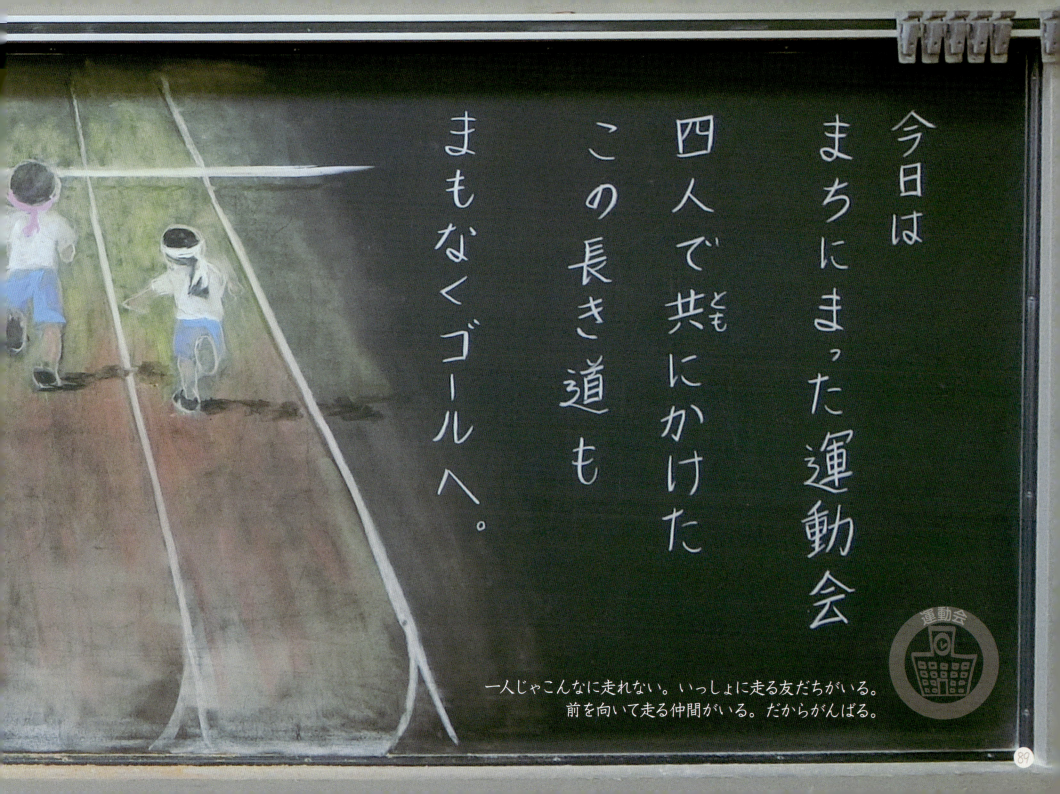

ハラヒシバッタ（バッタ科、9〜15mm）

私は、大きい昆虫を紹介したいと思っている。子どもたちの興味を引くからである。そうすると、紹介するものもだんだん減ってきた。そこで、学校の畑にピョンピョン跳ねている小さな虫を描くことにした。それがこの「ハラヒシバッタ」だ。ハラヒシバッタは個体によって背中の模様が違う。しかし、菱形の形は変わらない。その面白さが伝わるように上から描いてみた。

10月5日
おはようございます
「〇〇〇〇〇〇」
まさにその名の通りひし形
畑でピョンピョンしています。

イボバッタ（バッタ科、24〜35mm）

2学期に転入してきた子が「これ逃げ足が速いやつだよ。」と言っていたのを思い出して捕まえてみた。「どうやって捕まえたの。」と聞かれたので、「バッタは前にしか跳ばないから、前から手をかぶせるのだよ。」と教えてあげた。このバッタの特徴は、頭の後にイボがあることだ。

10月6日
おはようございます
「〇〇〇〇〇」
せなかにのこぎりじょうの「イボ」がついているのがとくちょうです。

アシブトチズモンアオシャク（シャクガ科、30〜35mm）

夜、白い壁を見ると緑色の蛾が止まっている。緑色の千代紙のような模様がたいへん美しい。
蛾だけれども、この模様の美しさに目を向けさせれば、子どもたちの興味をひくのではないかと思った。
図鑑を見ると名前の中に「チズ」という言葉がかくれている。
まるで、飛行機から見下ろした田畑の模様のように見えるからだろうか。
子どもたちは、「確かに地図のように見える。」と言って喜んでいた。

ツチイナゴ（バッタ科、50〜70mm）

「脱皮したよ。」という子どもの声。よく見ると、虫かごに飼っていたツチイナゴの幼虫が最後の脱皮を終えて成虫となっていた。脱皮をしたばかりの成虫は、色も透き通るように薄く何だか天使のような神聖な印象を受けた。

10月10日 おはようございます「○○○○○」
ついにだっぴ。
大きくなりましたね。

サトクダマキモドキ（ツユムシ科、45〜62mm）

翅が一枚の葉っぱのように見えて美しいと思い、その形を意識して描いた。子どもたちは「確かに、葉脈のような筋も入っている。」と言って、その特徴に見入っていた。

10月12日 おはようございます「○○○○○○○○」
ヒメクダマキモドキより大きいですね。

オオゾウムシ（オサゾウムシ科、12〜29mm）

これは、朝、玄関の手すりに止まっていたものだ。夜のうちに逃げ帰るのが遅れたようだ。
「こんなにも大きいゾウムシを初めて見た。」という子どもたち。
ゾウムシという名前を知っていることと、小さい種類のものは見たことがあることに、驚かされた。
「どんぐりの中に入っている幼虫は、ゾウムシの幼虫なんだよ。」と話をすると、「へぇ〜。」と驚いた。
その後、子どもたちのゾウムシ集めが始まった。幼虫から育てようとしていた。

 ヒョウタンゴミムシ（オサムシ科、15〜19.5mm）

クワガタムシにも見えるぞと思い捕まえてきた。「名前は何だと思う？」と問うと「クワガタムシじゃないみたい。」と言う。他の子が「ゴミムシだよ。」と言う。「えっ、ゴミムシ。」と不思議そうな顔をする子もいる。私は汚いというイメージをもつかと思っていたが、子どもたちは「飼ってみたい。」と言う。そんな先入観をもたない子どもたちの素直さに感心した。
ゴミなんて失礼だから、せめて「クワガタムシモドキ」にしてあげてほしいと思った。

ツヤアオカメムシ（カメムシ科、14〜17mm）

「あの臭いやつでしょ。」と聞かれたので、「においをかいだことはあるの？」と聞き返す。えっ、と記憶をたどる子どもたち。臭いにおいというのは、本当なのだろうか。実際に嗅いで見ると、「キュウリのようなにおいがするけど、そんなに臭くないやあ。」という。虫が嫌いな大人にとっては臭くても、いつも虫と共に生活する子どもにとっては臭くないのかもしれない。

10月15日
おはようございます
「〇〇〇〇〇〇〇」
五角形のせなかが〇〇にているので、亀虫とよぶそうです。

ホシホウジャク（スズメガ科、40〜55mm）

蛾だけれども「かわいい。」という子どもたち。「ホシホウジャク」はスズメのように飛ぶその姿から「スズメガ」の一種として分類される。「飼いたい。」という子どもに「えさはどうするの。」と聞くと、「逃がすしかないか。」と残念そうだ。「じゃあ、逃がしてあげるね。」と言っていたので、ケースごと渡したのだが、次の日確認するとまだ、ホシホウジャクはいたのだった。「どうして逃がさなかったの。かわいそうじゃないの。」と聞いたが、子どもは黙ったままだった。

10月16日
おはようございます
「〇〇〇〇〇〇」
美しい正三角形。飛ぶすがたはまるでスズメのようである。

マダラスズ（ヒバリモドキ科、6〜8mm）

畑の中から、小さな虫を何とか探し出してきた。小さすぎて、体の特徴はほとんどよくわからない。「せめて足の縞模様だけでもはっきりわかるようにしよう。」と思って描いた。子どもたちは、「確かにこれ、ピョンピョン跳んでいるよね。」と言っていた。

アカウラカギバ（カギバ科、37〜48mm）

蛾は種類が多いが、子どもたちはあまりよいイメージをもっていない。しかし、この蛾は面白いと感じたので捕まえた。よく見ると、1枚の枯葉のようには見えないだろうか。ある日、地面にしゃがみ込んでこの蛾を見ていると、「なんで葉っぱをじっくり見ているんだろうって思った。」と保健の先生に言われた。当たり前のように感じ通り過ぎてしまうようなところにも、面白さがあることに、子どもたちにも気付いてほしかった。

アカウラカギバの擬態

比べてみると、非常に葉っぱに似ていて小鳥の目さえごまかしてしまう。

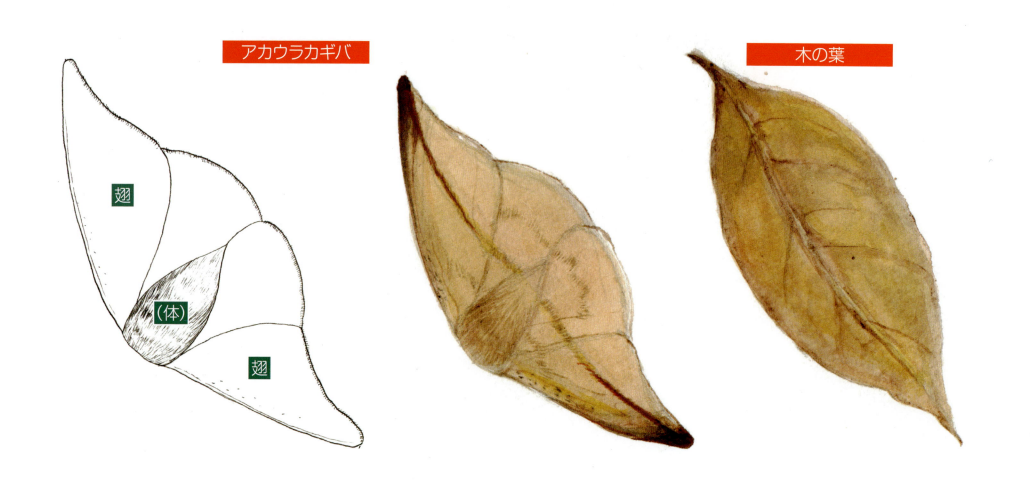

ヒメホシカメムシ
（オオホシカメムシ科、12〜13mm）

カメムシは、寒くなってきても何とか生き残っている昆虫だ。夜、教室の電気をつけていると、このカメムシがやってきた。害虫として嫌われる昆虫だが、描く題材も減ってきたので、ありがたく捕まえて描くことにした。

マユタテアカネ（トンボ科、30〜43mm）

田んぼの近くにトンボがたくさんいることを思い出し、捕まえてきた一匹だ。トンボはオスとメスで模様が違うし、似ているトンボが多いので、種類の区別は非常に難しい。子どもたちもかなり悩んでいた。黒板に書いた「アカネ」と「メス」の文字をヒントに何とか種類を割り出していた。

 ミズカマキリ（タイコウチ科、40〜45mm）

「先生、ミズカマキリ捕まえたよ。」と大声で叫ぶ子どもたち。それほど、彼らにとっては衝撃的な出来事だった。
カマキリ好きの子どもたちにとって、ミズカマキリは最強の昆虫だ。
「空・陸・水の全ての場所で生きることができる昆虫だからだよ。」と言っていた。
「絶対に黒板に描いてね。」と言われたので約束通り描いたのだった。

ツヅレサセコオロギ（コオロギ科、30mm）

「そういえば、小さい種類のイナゴを紹介していなかった。」と思い出し、学校からは少し離れた場所にある田んぼに出かけた。その時捕まえたのが、ツヅレサセコオロギ、ダイリフキバッタ、コバネイナゴの三種である。コオロギは、図鑑で見比べると非常によく似ていて種類の区別が難しい。子どもたちは、図鑑をのぞき込んで文字数を数えながら必死に考えていた。そこで「体の特徴から判断してほしいなあ…。」と子どもたちに注文した。

ダイリフキバッタ（バッタ科、20〜30mm）

いつも見ている図鑑で調べても、名前が紹介されていなかった。そこでインターネットを使って調べると、この名前が出てきた。どうやら、全国的にもあまり見られない貴重な昆虫であるらしい。子どもたちは図鑑を見て「似ているものはいたよ。」と言っていた。文字数から判断がつかなかったので、体の特徴から、種類を見分けようと頑張っていた。昨日の話を思い出したようである。

コバネイナゴ（バッタ科、18〜34mm）

「これ佃煮にして食べるやつでしょ。」という子がいたので、「食べるとエビみたいな食感がするよ。歯に足が挟まるとちょっと複雑な気持ちになるけどね。」と教える。子どもたちは、苦虫を噛み潰したような表情をしてその話を聞いていた。知識で食べられるということを学ぶよりも、一度味わってみた方が話は早いのかもしれない。

10月26日
おはようございます
「〇〇〇〇〇〇」
つくだににして食べる地いきもあるそうです。

ルリタテハ（タテハチョウ科、50〜65mm）

チョウについて詳しい先生から、「よく捕まえてきたね。これは、午後にならないと飛んでいないやつでしょ。」と言われる。そう言われて考えてみると、確かに午後の3時ぐらいにつかまえてきたものだった。チョウにはとんでいる季節だけでなく、飛んでいる時間も関係していることに初めて気づいた。次からは、時間も意識してみたい。

10月27日
おはようございます
「〇〇〇〇〇」
ユリやホトトギスのようなユリ科の植物がある所によう虫がいます。

種子のいろいろ

　「動かない植物がどのようにして移動するか」というのが、植物の魅力である。種を広め、適地で育てようとするのが植物の生態だ。そこには、自然の神秘がある。植物は、そのまま移動するわけにはいかないので、できるだけ小さくなり「風の力」「動物の力」「自ら弾け飛ぶ」など様々な方法を使って移動するのだ。この方法、仕組みが面白い。自然の法則をうまく使っている。種を調べるだけでも、自然の多様性に驚くだろう。

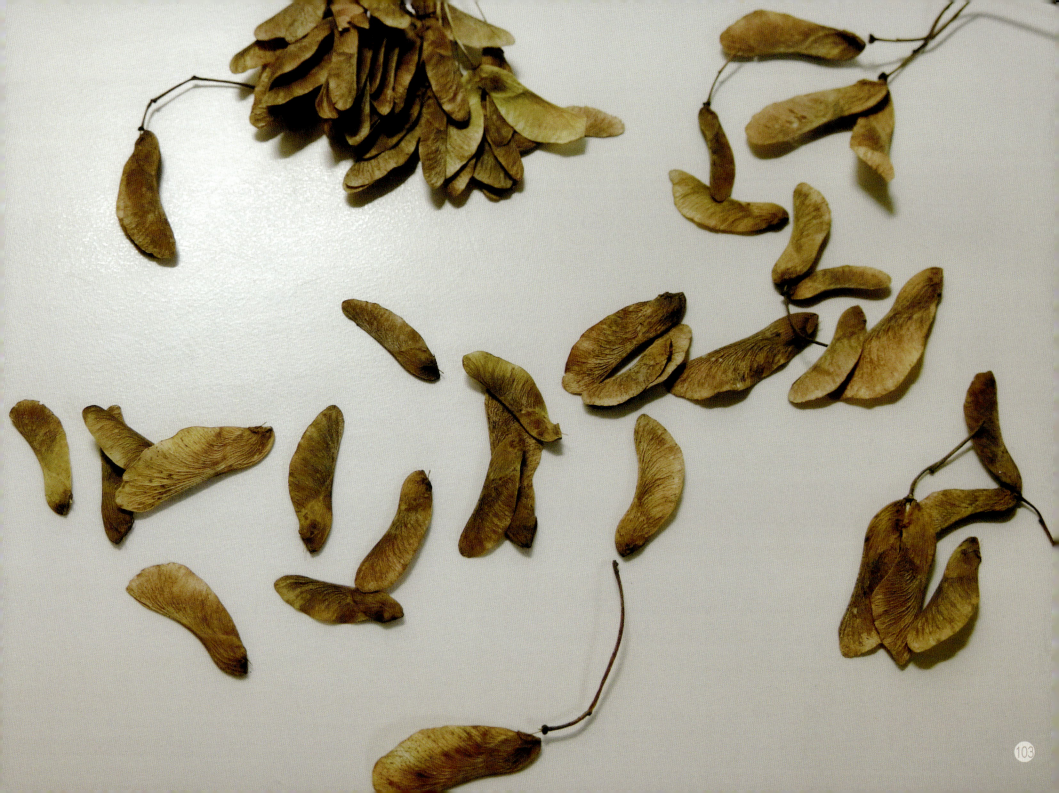

マテバシイ（ブナ科、2.5cm）

これは、山の中でわざわざ拾ってきたものだったが、子どもに「学校の校庭にも落ちているやつだよ。」と言われてしまった。まさかと思って確認してみると、子どもの言う通りだった。灯台下暗し。
「ドングリ」は総称だ。専門的な名前で知って欲しいという思いから、最初に紹介することにしたのだ。

アベマキ（ブナ科、2cm）

「マテバシイ」と違う形のドングリを紹介したいと思い、山の中で見つけてきたものだ。ドングリは、形だけでは種類の区別がつきにくいので、帽子もつけて種類を紹介した。子どもたちは図鑑を見比べると「アベマキかなあ…」と考えていた。これで、クヌギとの区別がついただろうか。

10月30日
おはようございます
「○○○○」
殻斗とよばれる
ぶぶんは たいへん
長くなっているのが
とくちょうです。

スギ（ヒノキ科、2cm）

「これ花粉がすごいやつでしょ。私ダメ。」と子どもは言っていたが、「この実は大丈夫だよ。」と教える。厳密にいうなら花粉が出るのは雄花で、この実は雌花からできるものだからである。花粉アレルギーというよりは、「スギ」という言葉に対するアレルギーをもっているのかも知れない。

10月30日
おはようございます
「○○」
葉も実も
トゲトゲしています。
茶色は昨年 緑は今年
できた実です。

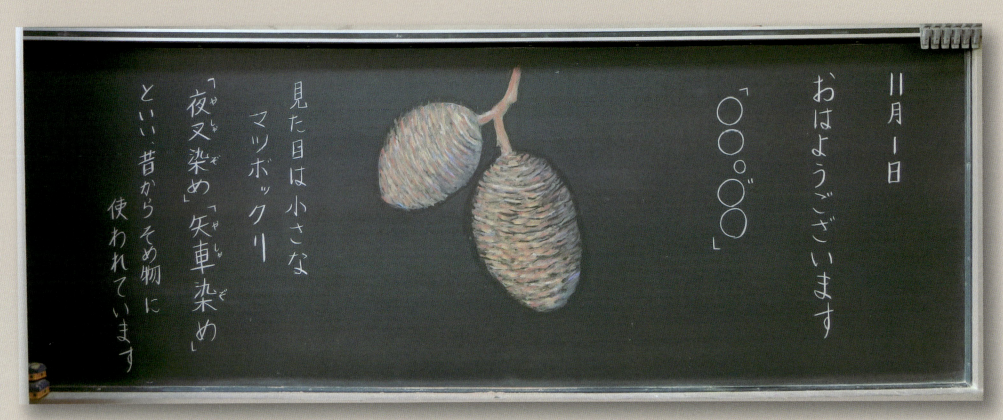

 ヤシャブシ（カバノキ科、3cm）

東京ではあまり見ることのなかった実が館山に落ちていたので、思わず喜んでしまった。
表面に泥が付いていたので綺麗に洗って乾かそうとするが、何度水につけても水が茶色く濁ってしまう。
後で調べると、これは染物に使う実であり、たくさん色が出ることが分かった。
早速、子どもたちと一緒に水につけて試すといい色が出てきたので、みんなでワイワイ喜んだ。

メタセコイア（ヒノキ科、2cm）

「生きた化石」とも呼ばれるメタセコイアは、東京の学校ではよく見かけるが、館山ではあまり見かけない。人が意識して植えないとこの木は生えていないのだろうか。館山には自然が多いが、人工的に木が植えられることはあまりないため、植物の種類には偏りがあるようだ。このメタセコイアは人が集まる広場の敷地内で見つけた貴重なものだった。

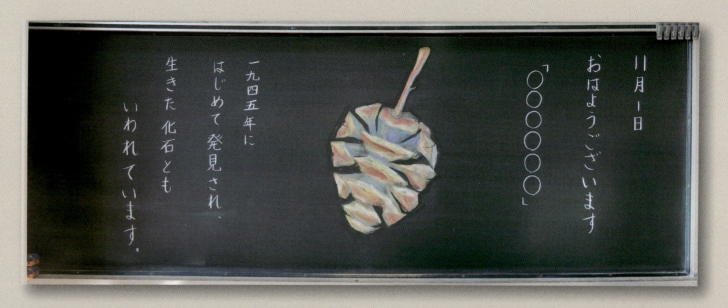

11月1日
おはようございます
「〇〇〇〇〇〇」
一九四五年にはじめて発見され、生きた化石ともいわれています。

スダジイ（ブナ科、2cm）

東京で勤務をしていた頃、「スダジイ」を家で焼いて「美味しいから食べて」と言って持ってきてくれた子がいた。私が「食べられるらしいよ。」と話したことがきっかけだった。かすかにクリのような甘い味がして美味しかったのを覚えている。そんな話を子どもたちにすると「食べてみたいなあ。」と言う。子どもたちには、こういう経験をしながら、いろいろなことに気付いたり考えたりしてほしいと願っているのだが、やはり食べることが先にくるようである。

11月3日
おはようございます
「〇〇〇〇」
あまくて、おいしいです。形はトウモロコシににていますか？

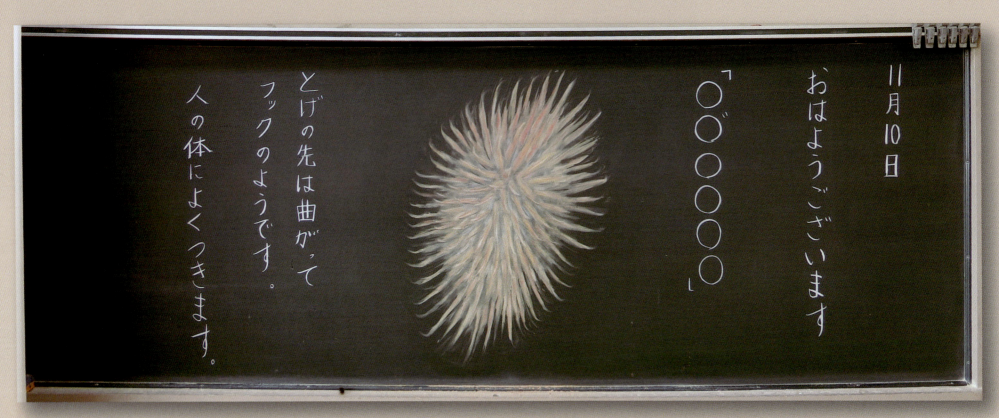

 イガオナモミ（キク科、2.5cm）

私が一番好きな植物の実であり、これがあれば1時間は子どもたちと遊べる。
「ひっつき虫」と言われるこの実が館山の浜辺にはたくさん生えていた。見つけた時はおもわず喜んでしまった。
服にくっついて、肌にチクリと刺すこの痛みに耐えながら子どもたちは「いててて」と騒いで楽しんだ。
教室に置くと、休み時間にはふとした瞬間にどこからともなくとんでくることがあった。子どもの仕業だ。

オナモミの付く力＝マジックテープはここから生まれた

　①を見るとトゲの端がカーブを描いており、刺したものが抜けないよう工夫されていることが分かる。また、②を見ると、トゲの根元にびっしりと小さなトゲが生えており、より抜けない工夫がされている。

　私たちが、よく目にするマジックテープはこのオナモミのトゲの仕組みを参考にして作られたのだ。くっ付いたり外れたりする自然の仕組みは素晴らしい。

カラスウリ（ウリ科、6cm）

私はこの実を母から教わった。小学生の頃、手をつないで歩いていると、母はある家のフェンスに絡まる赤い実をさして、「あの実の花はレースのように綺麗で、カラスウリっていうんだよ。」と教えてくれた。その日、私はカラスウリの花を調べて、図鑑の写真を広げながら母に見せにいったのだった。今では私の方が母よりも植物に詳しくなった。
そして今、私もまた、教室の子どもたちにカラスウリを教えている。あの秋の日と同じように。

タウコギ（キク科、1.5cm【種子】）

「イガオナモミ」でだいぶ盛り上がったので、他の「ひっつき虫」を紹介したかった。草むらに入り込んで実を探している時、ズボンに刺さった黒いトゲのようなものがあった。調べると「タウコギ」である。子どもたちに、「なんでトゲが刺さった後、すぐに抜けないのでしょう。」と問いかけ、トゲの向きを種に書き込むクイズをやった。子どもたちは直ぐに逆向きに生えるトゲの性質を理解し、正確に書き込んでしまったことには、驚かされた。

チカラシバ（イネ科、3cm【種子】）

「タウコギ」と同じようにこれも長い毛が刺さるのだろうと予想し、服にさしてみた。しかし、刺さらない。どういうわけだろといろいろ試すと、なんと長い毛の逆側が、服に刺さるのである。なぜ刺さったのだろうと、その付け根をよく見ると小さなトゲがいく本も生えていた。「チカラシバ」は長い毛を使ってふわふわと風に舞って飛び、この短い毛で固定物に突き刺さって実を止めるのではないか。調べなくても、観察や実験をすることで発見できることもある。

ススキ（イネ科、2cm【種子】）

よく日の当たる館山の丘には、この「ススキ」がたくさん茂っている。「チカラシバ」と似ているが、種の構造は異なる。この実には物に刺さる構造はない。子どもたちは、このふわふわした穂を気持ちよさそうに手のひらに握りしめては味わっていた。

おはようございます
「○○○」
実は
チカラシバとにているが、
とげはないため体につかない。
やわらかな毛で
ふわふわととぶ

ジュズダマ（イネ科、1.2cm）

通りかかった他学年の子が、黒板のこの絵を見て、「先生どこで見つけたの。ちょうだい。」と話しかけてきた。理由を聞くと、昔、東京の学校の保健室でこの実を使ってビーズのようにして遊んだ懐かしい思い出があるという。食べ物の好き嫌いの多い子だったので、「今日の給食を残さずちゃんと食べたらいいよ。」と言うと、その日は頑張って最後まで食べていた。「本当に思い出深かったんだろうなあ」と思った。保健室でのことが懐かしい子もいるのだ。

11月16日
おはようございます
「○゜○○○」
つるつるとした
かたい実がとくちょう
ひもを通せば
じゅずだまになります。

 ヒメヤママユ（ヤママユガ科、85〜105mm）

「先生網戸にとまっていた大きな蛾を見た？」と子どもに呼び止められる。
行ってみると、寒さに凍えながら一匹の蛾が網戸にじっとしがみついていた。
そっと剥がすように捕まえて、次の日描いたのが、このヒメヤママユだ。
秋の終わりの中で、虫たちが残りわずかな時間を必死に生きているのだった。

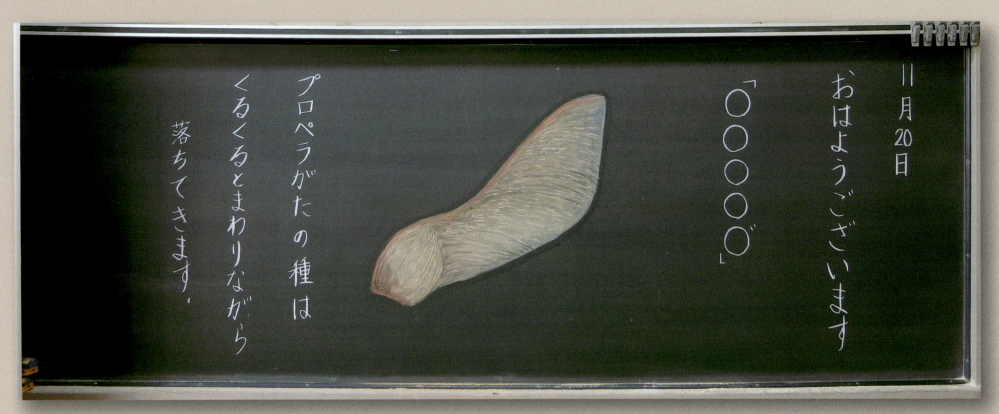

 トウカエデ（カエデ科、2cm）

この実を紹介したくて館山の野山をどれだけ駆け巡ったことだろうか、結局、鋸山まで出かけて採集してきた。
植物の種子の魅力は、動かないはずの生き物がありとあらゆる手段を使って遠くに移動するということだ。
このトウカエデは風の力を使って遠くに飛んでいく。

トウカエデのプロペラ

　子どもたちに「プロペラみたいにくるくる回るのを知っている?」と聞くと「知ってる。」と答える。つまらないなあと思いながら上に投げると「わあ、やってみたい。」と大はしゃぎ。なあんだ、言葉としての知識だったのか。子どもの「知っている」を広げ深めるのが、教師の仕事だ。どれだけ深められるか。教師の力量が問われるところだ。クイズ番組とは違うのだ。「知っている」はゴールではない、そこからスタートするのだ。

 クロマツ（マツ科、2.5cm【種子】）

マツボックリの中にある種もトウカエデのように、回転しながら落ちてくる。
植物の種の神秘さについての理解が、子どもたちの中にだんだん深まってきたように感じている。

マツボックリの実験

マツボックリの実を濡らすと閉じてしまう。この実験を実際にやったことのある子がいて、私に教えてくれた。知らない子もいたので実際にやってみると休憩時間になるたびに覗き込んでは、「閉じてきているよ。」とドキドキしながら見守っていた。

水につける前

水につけた後

モンシロチョウ（シロチョウ科、35〜45mm）

もうすぐ12月。しかし、時には春のような暖かな日もある。虫はほとんどいなくなってきたのだが、暖かい日にはチョウが花から花へと飛び交う姿が時々見られる。「最後の見納めに…」と思い、描くことにした。

11月22日
「おはようございます
〇〇〇〇〇〇〇」
天気のよい日には
たくさん みられるように
なってきましたね。

イチョウ（イチョウ科、2.5cm）

実を手に取ってにおいをかぎ「臭い。」という。嫌がっていながら、においをかいでしまうのが面白い。これもきっと秋の匂いなのだろう。昔、スカート型の葉があるのがメスの木で、短パン型の葉があるのがオスの木だと聞いた。それでスカート型の葉をした木から実を探したのだが、見つからなかった。インターネットで調べると「俗説」と書かれていた。子どもに紹介する時になって、改めて学ぶことも多い。

11月23日
「おはようございます
〇〇〇〇」
においのきつい実ですが、
種は食べると
おいしいですよ。

ウラナミシジミ
(シジミチョウ科、25〜35mm)

このあたりによくいる「ヤマトシジミ」だと考えていたのだが、よく見ると翅の尾翼が長く別の種類であると考えられた。種類を調べてみると「ウラナミシジミ」であることが分かった。名前の「ウラナミ」を調べると、翅に波のような白い模様がついていることが分かった。その特徴がうまく伝わってほしいと思い、改めて模様を濃く描き直し、強調した。

11月26日
「〇〇〇〇〇」
おはようございます
はねにリボンのような
かざりのついている
シジミチョウです。

オシロイバナ(オシロイバナ科、0.8cm)

「オシロイバナの種をほじったことはある?」と聞くと、「ない」と答える。私は子どもの頃、よくこの実をほじくり返しながら白い粉を集めて遊んだものだが、最近の子はこのような遊びもしないようだ。やらせてみると「本当に真っ白だ。」と驚いていた。おしろいのようなところから、名前が付いたのだろう。

11月27日
「〇〇〇〇〇」
おはようございます
黒いたねをわると
中からまっ白な
こなが出てきます。

 テイカカズラ（キョウチクトウ科、2.5cm）

鋸山に遠足に行くと、子どもたちは夢中になって実を拾い集めていた。これまでにたくさん紹介してきたのがよかったのだ。
その時に発見したのがこのテイカカズラだ。私は鳥の羽毛だと思い込んで気にもしていなかったのだが、子どもが「種が落ちていたよ。」
と言って拾ってきたのが、この種子だったのだ。よく見ると、羽毛のようなものの下に種がついていたのだった。
子どもの方が私よりも目が肥えてきたようである。

テイカカズラとセイヨウタンポポの綿毛の違い

綿毛の長さと種子の形状は大きく異なる。「セイヨウタンポポ」の綿毛は短いが種子と綿毛を結ぶ柄が長い。また、種子の上部にはトゲがついている。「テイカカズラ」の綿毛は長いが柄はない。タンポポが下から上に向かって飛ぶのに対し、テイカカズラは高い木の上から、下に向かって飛ぶことに関係しているのだろうか。種の重さに関係しているのだろうか。

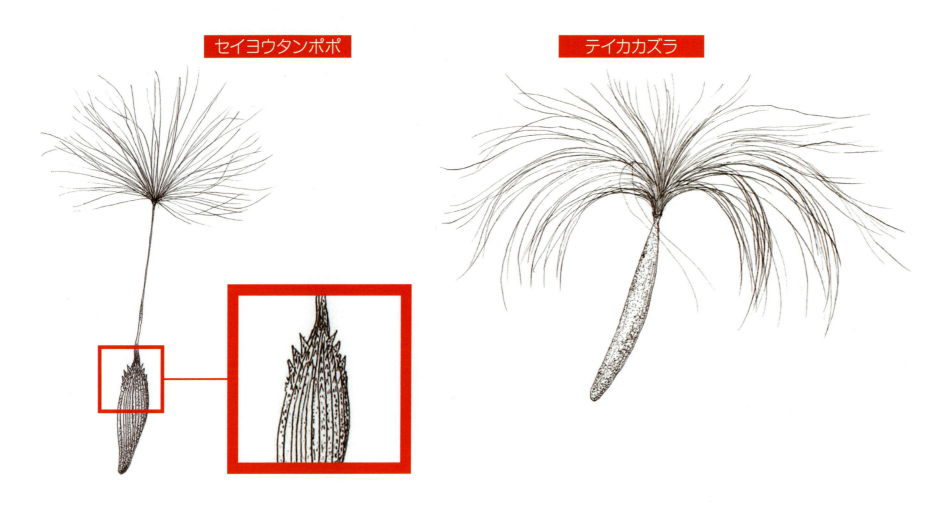

セイヨウタンポポ（キク科、2cm）

「テイカカズラ」と比較させるために次の日に描いた。両方とも風に乗って飛ぶ種であるが、よく見ると種の部分の構造は違う。そこでセイヨウタンポポの種子の上部を見させた。「よく見ると、確かにとげとげがついている。」と目が寄るほど種を顔に近づけて観察しては、驚いていた。このとげとげは、どのような働きをするのだろうか。また課題が一つ増えたようだ。

11月29日 おはようございます「○○○○○○○○」
たねの上の部分はトゲトゲしていて、体につきやすくなっているようです。

テッポウユリ（ブナ科、0.5cm【種子】）

これも、鋸山に遠足に行った時に拾ってきたものだ。実を振ると大量の種がひらひらと舞い散るように落ちてきて楽しい。本当は、みんなと一緒にばらまきながら遊びたかったのだが、あまり生えているのが見られなかったので、種をこぼさないいよう、大切に包んでもって帰ってきた。教室にもって帰ってきてからは、思いっきりまいたが、その後また、集めてしまっておいた。

11月30日 おはようございます「○○○○○○○」
実がわれると、とびちるように中からひらひらとたねが出てきます。

 ヒメツチハンミョウ（ツチハンミョウ科、7〜23mm）

秋の終わりになると突然たくさん出てきてくるので最後に紹介しようと決めていた。
虫好きの子どもたちは秋が終わると、虫捕りができずに悲しむのだが、この昆虫だけは見られるのでこれを飼おうとする。
他の季節においては見向きもされない地味な昆虫であるに違いないが、この季節だからこそ皆から愛される昆虫となる。
子どもたちは私より詳しくなり、ハンミョウのオスとメスの区別までできるようになっている。

モンキチョウ（シロチョウ科、40〜50mm）

冬の暖かい日、モンキチョウが飛んでいた。子どもたちは「これは、白くないよ。モンキチョウだ。」と思わず興奮する。
ヒメツチハンミョウで昆虫は終わりにするつもりではあったが、思わず捕まえて描いたのがこのモンキチョウだった。
館山の冬は雪が降っても積もることはほとんどないと言われている。
そんな暖かな地であるからこそ、生き物たちも最後まで必死に生きているのかもしれない。
この黄色に、少しばかり春の温かさを感じてしまうのだった。

子どもの昆虫工作「ジョウオウカマキリ」

　次の年、4年生になった子どもたちは、最初の図画工作学習で、「館山昆虫館　〜館山の素材を使って〜」をテーマに学習に取り組んだ。昨年度、カマキリに夢中になっていたこの児童は「ジョウオウカマキリ」という昆虫を自分で考えて制作に臨んだ。カマキリをいつも見ていたからこそ、細かな体のつくりがここに表現できたのだろう。体を覆っているこの緑は「ビワ」の葉、カマは「タラノキ」の棘を用いている。腹の先端の形までよく見て表現している。

カマの棘

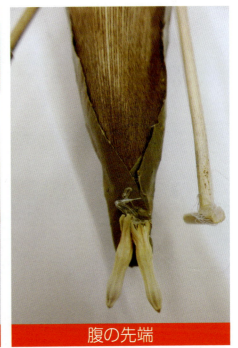

腹の先端

2学期12月

ケヤキ（ニレ科、10cm）

種子と葉のついた短い枝が空を舞う。これがケヤキの種子散布の方法なのだ。下には落ち葉が散らばっているように見えるが、葉がついたままの小枝の付け根を見ると種がついているのに気付く。子どもたちは「こんなところに種があるんだ。」と驚いていた。大学生の頃、植物に詳しい先生から種子のふしぎ・面白さを学び、興味をもつようになった。それを今、子どもたちに教えている。

2学期12月

クリ（ブナ科、7.5cm）

イガに素手で触った時、手に激痛が走った。あまりにも痛かったので、とげではなく虫に刺されたためかと思われたのだが、虫はどこにもいなかった。木の枝でビニール袋に押し込んで持ち帰った。子どもたちには「痛いからさわらない方がいいよ。」と言ったが、「全然大丈夫じゃん。」といって平気で触っていた。なぜだろう。

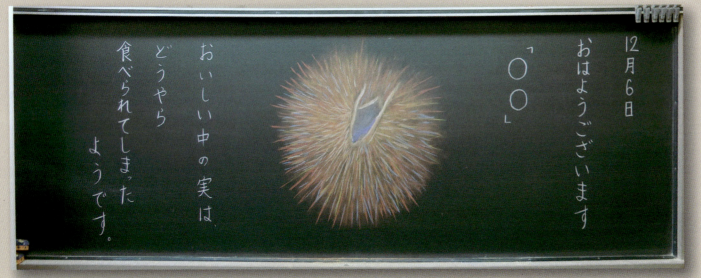

イタヤガイ（イタヤガイ科、5cm）

根本海岸や平砂浦ではあまり見かけないが、坂田海岸では多く見かける。
館山近隣の海でも地域によって拾える貝殻の種類は大きく異なる。
今度貝殻を拾いに行く坂田海岸の代表的な貝の一つのとして紹介することにした。
2学期になると子どもたちは「イタヤガイだ。」と調べなくてもすぐに名前が分かっていた。

ビワガイ（ビワガイ科、7cm）

千葉県と言えば、「枇杷」の有名な産地。その枇杷の名前を由来にした貝殻だと思いきや、どうやら楽器の琵琶のようでもある。子どもたちに「ビワって知ってる？」と問うと、楽器の琵琶は知らないようであった。坂田海岸に行った時、ある子どもがこの貝の破片を見つけ、大切にしまっていた。一般の人ならば、欠けた貝殻などに価値を見出すことはないだろう。知識をもつということが物に価値や意味を見いだせることにつながっているのだ。

12月8日
「〇〇〇〇」
おはようございます
ビワの形によくにていますね、
楽器、それとも果物のビワ？
どちらでしょう。

ハルシャガイ（イモガイ科、4.5cm）

「めったにお目にかかれない貝だよ。」と言うと子どもたちはがぜん興味をもつ。砂浜では、茶色い貝殻が多い中で、この赤い模様が色鮮やかだ。つい手に取りたくなる。時期によっては多く拾えることもあるが、この貝もなかなか見られない貝だ。子どもたちと一緒に海岸に行くが、こういう貝を見つけられた時の感動を味わってもらいたいと思いながら紹介した。

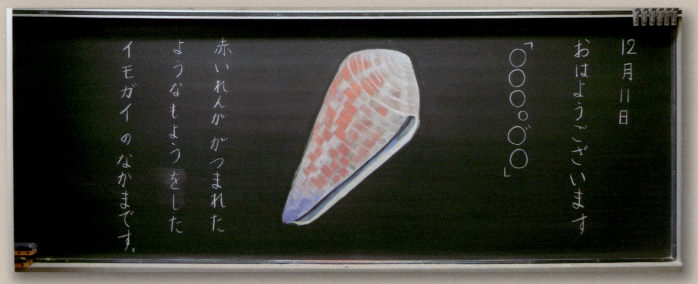

12月11日
「〇〇〇、〇〇」
おはようございます
赤いれんががつまれたようなもようをしたイモガイのなかまです。

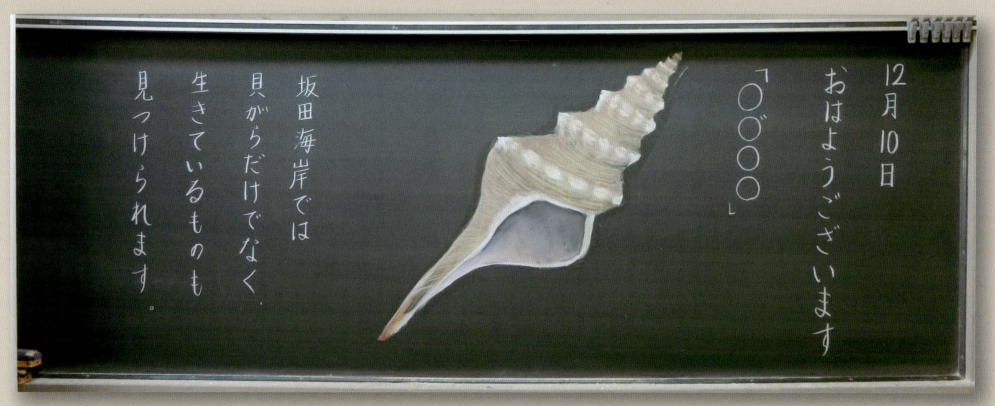

 ナガニシ（イトマキボラ科、10cm）

普段はなかなか拾えないが、台風の後や大波の後にはよく打ちあがる。海で拾える貝はいつも同じであるとは限らないのだ。
潮の量、天候、季節、時間、タイミング等多くの条件が重なるからこそ、同じ場所にも何度も出かける楽しさがあるのだ。
坂田海岸の場所を子どもに教えると、家族と一緒にこの海まで行き、自分の力でこの貝を拾ってしまった子がいたことには驚かされた。

ウチムラサキ（マルスダレガイ科、7cm）

名前を調べなくても、知っているようだった。貝殻の内側が紫に染まっているし、名前もそのまま「ウチムラサキ」なので分かりやすいようだ。やはり特徴から名前を覚えるのが、記憶しやすくてよいのかもしれない。

12月12日
おはようございます。
「〇〇〇〇〇〇」
内がわがむらさき色の大きな二枚貝です。

ハナマルユキダカラ（タカラガイ科、3cm）

教室に入った瞬間に「ハナマルユキダカラだぁ。」と喜んでいた。タカラガイの中で子どもたちが最も好きな貝だ。黒い貝殻についた白い水玉模様の美しさに惹かれるようである。タカラガイの中では比較的見つかりやすい物でもあるため、子どもたちは拾うたびに「見つけたよ。」と喜びを教えに来てくれる。

12月13日
おはようございます。
「〇〇〇〇〇〇〇〇」
黒い貝に雪がつもったがらのタカラガイです。

完全な ハナマルユキダカラ を求めて

黒い中に雪のような白い模様のあるものに価値がある。写真を見ると、育ち方や場所によって様々なバリュエーションがあるがどれもハナマルユキダカラだ。これらを、子どもたちは区別できるようになっている。

⑨は完全な個体。だんだんと摩耗がすすみ、①は最も摩耗したもの。

①〜⑨の順に成長する。⑨は完全に成長した個体。

 2学期⑫月 カコボラ（フジツガイ科、8cm）

坂田海岸ではあまり見かけないと思っていたが、平砂浦や千倉の海に行くとたくさん落ちていた。
やはり、地域によって拾える貝殻は異なるようだ。名前を覚えやすいのだろうか。
この名前はみんながしっかり覚えていた。でも、違う貝殻を見ても「カコボラ」と言っていた。

クチベニガイ（クチベニガイ科、2.5cm）

館山近隣の海では、北条海岸でしか見つけたことのない貝である。貝殻の内側の縁がまるで口紅が塗られたように美しくピンク色に染まっている。子どもたちは「確かに口紅のように見えるね。」と言っていたが、このクラスは男の子が多いし、女の子もまだ口紅は早いし、その薄い反応に、納得してしまう。昔、口にさす紅は貝がらの中に入っていた。

ナデシコガイ（イタヤガイ科、2.5cm）

小さくて可愛らしい貝。お店で売っている貝殻セットにも入っているような誰が見ても綺麗だなと思える貝に違いないだろう。けれども、貝殻が好きな方と話していると、「買っちゃダメなんだよね。拾うから楽しいし、その時の思い出が懐かしいんだよね。」と盛り上がる。お店で安価で手にはいる貝ではあるが、やっぱり自分で拾いたい。

ヒガイ（ウミウサギ科、7cm）

坂田海岸に行った時に、潮が引いた岩の上にそっと乗っていた。初めてみた貝殻だなあと思い、新たなコレクションとして箱にしまっておいた。すると、私の学校で貝殻に詳しい先生が「すごいじゃん。これ拾ったの?」と驚くように声をかけてきた。「あまりにも珍しくて貴重だから、私は綿に包んで欠けないように大切にしまっている。」と言われてからは、この貝に対する見方が変わってしまった。今でも、私の思い出深い大切なコレクションの一つとなっている。

ウキダカラ（タカラガイ科、2cm）

館山の地域には貝殻拾いを専門的にやっている人たちがいる。その人が、「ウキダカラは珍しくて綺麗だから、タカラガイマニアには嬉しい貝なんだよ。」と教えてくれたので、この貝に対する見方が私も変わった。見つけた時には、私は1人だったにも関わらず、思わず声をあげて喜んでしまった。

珍しい貝を探し求めて

　貝殻の集め方には、いろいろな楽しさがあることを教わった。館山でよく見つかる「メダカラ」と「チャイロキヌタ」も形・大きさ・色の違いに注目すると、新たな発見ができる。ここでは、「小さなメダカラ」と「不思議な形のチャイロキヌタ」を貝に詳しい学校の先生からお借りして撮影してみた。よく見つかる貝も、集め方次第では面白いコレクションとなる。コレクションには視点・観点が必要なのだ。

約5mmの小さなメダカラ

左端のチャイロキヌタは、下部が膨らんでおり、異様だ。

12月21日
おはようございます
「○○○○○」
約六センチメートルの
とくちょうあるもようの
めずらしい貝です。
見つかるとうれしい。

ウラシマガイ（トウカムリ科、5cm）

これも、台風の次の日に海で拾った貝だ。台風の後には、いろいろなものが砂浜に打ち上がるので楽しくてたまらない。
けれども、みんなが同じことを考えるので台風の後の浜辺は貝殻拾いの専門家がたくさんやってきてしまう。
この貝は、その時になんとか拾った貝だ。その時には「カズラガイ」として紹介してしまった。
後で気になったのでもう一度名前を調べると、「ウラシマガイ」であることが分かった。
普通では見つからない特大サイズであったため、カズラガイと勘違いしてしまったのだった。

貝殻拾いのスポット／子どもの工作

浜辺は、貝殻でぎっしりと埋め尽くされている。

サザエのサーフボード

カサガイタワー

マツムシの木

2学期終業式

鋸山遠足。高みに登ると海が見える。遠くまで見える。
遥か見渡すことの心地よさ。心と体に光と風をいっぱいに浴びた。
一番の思い出だったようだ。

みんなと がんばった 二学期
おつかれ様でした。

みんなと登った鋸山
山の上からのけしきは、
最高でした。

館山の自然にみせられて【学校紹介】

　館山さざなみ学校は、東京都大田区内の子どもたちが館山にある寄宿舎で生活し、そこから同敷地内にある小学校に通う、全寮制の学校である。区分は、特別支援学校であり、健康学園として位置づけられている。

　今年で開校37周年を迎える館山さざなみ学校は、大田区内の各学校と同じ教科書を使い、国語や算数等の教科の学習、クラブ活動・総合的な学習等の教科以外の学習をしている。学習内容や時間数、進度も区内の学校と全く同じである。更に特別支援学校なので、その他に健康回復のための学習や学校生活を充実させるための「自立活動」の時間を毎週1時限行っている。更に寄宿舎でも学習や運動など、様々な活動の時間を設けている。

　館山は、四季を通して温暖な気候に恵まれた自然豊かな地域にあり、毎日規則正しい学校生活を通して、児童のよりよい成長をはかっている。

　健康回復や運動機能の向上の他に、これからの人生に必要な自立心・忍耐力・積極性・社会性等を育むのも大きなねらいである。

　この本で紹介する黒板アートは、平成30年度に私が担当していた第3学年のクラスにおいて4名の子どもたちに毎日紹介してきたものである。4月当初は2名であったが、5月に1名、9月に1名、転入し合わせて4名となった。

　この児童4名は、入学当初から自然への関心が非常に高かった。虫が嫌いと言って、見ることすら嫌がる子どもたちも周りにいる中、彼らは最初から喜んで昆虫採集に勤しんでいた。雑草・貝・昆虫・種子・・・等。館山の自然は豊かだ。多岐にわたって紹介したが、何に対しても興味をもって探求していた。それが私にも力になった。黒板アートをその子どもたちの様子と合わせて紹介していきたい。

新年あけまして おめでとう ございます。
楽しいこといっぱいの 一年になりますように。

館山城。子どもたちは登ってみたいという。
白壁が美しい。町も海も。両方見渡せる。
憧れは大きい方がいい。今年もよい一年にしようと思った。

野菜のいろいろ
【地元野菜のよさをいかして】

　３年生２学期社会科の学習では農家についての学習をした。また、地域ではトウモロコシ、サツマイモ、米、レタスなど、様々な収穫体験を積むことができる。それだけではない。それを生産することで生活している人々がいることにしっかりと目を向けてほしいと思った。そして野菜への見方を広げてほしいと思った。また、館山は温暖な気候であり、他の地域と比べても冬でも野菜を育てやすいという特徴がある。その特徴を知ってもらいたいという思いから、野菜をテーマにすることにした。この話を学校の調理さんに話すと、「うちでも野菜を育てているから、持ってくるよ。」と言ってくれた。ここには、地域の人々と共に子どもたちを育てていくことができるよさがある。

　この学校は、食べ物の好き嫌いがある児童は多い。とくにその中心となるものが野菜だ。そのような野菜への見方を変えるという意味においても実践したいと考えた。

冬の畑では、多くの野菜が育てられている。

オデンダイコン（アブラナ科、47cm）

3学期1月

調理さんに「三学期からは野菜を描く予定です。」と話をしたら、「ぜひうちで取れる野菜を描いてよ。」と持ってきてくれた。「この大根小さいですね。」と尋ねると、この地域では「オデンダイコン」と呼ばれているものだと言う。描いた後は、早速おでんにしていただいた。甘くて美味しかった。

黒板アートの描き方

白で輪郭線を書き、色を塗る。

実際にはない色も加える。

掌でこすって馴染ませる。

更に色を塗る。

練消しゴムで輪郭線を出して完成。

使った道具

ワケギ（ヒガンバナ科、61cm）

「オデンダイコンのように小さなネギですね。」と調理さんに聞くと、これも「この地域でよく育てられているネギなんだよ。」と教えてもらった。今度は、自分で調べてみた。ネギにもいろいろな種類があり、このネギは「ワケギ」と呼ばれていることが分かった。黒板に書いた植物名の丸の部分が3つもあったので、「何ネギなんだろう？」と子どもたちは必死に考えていた。

ブロッコリー（アブラナ科、25cm）

「泥などが付いているのは洗ったほうがいい？」と聞かれたので、「なるべく自然のままの姿で子どもに見せたいです。」と言って、いただいたブロッコリー。葉っぱがたくさんついていたので、ブロッコリーとして食べているところが、植物のどの部分であるかがよく分かる。子どもたちは「ブロッコリーって花なの」「蕾なの」とつぶやいていた。そこで、このままブロッコリーをおいておくと「花が咲くんだよと。」教えた。「やってみたい。」と驚いていた。

ムラサキダイコン（アブラナ科、36cm）

丸くて小さい。これはカブ？それともダイコン？なのだろうか。そこで、考えさせたいと思った。
子どもたちは「下が丸いのがカブで、細いのがダイコンだよ。」と言う。私が「これは丸くて細いなあ。」と言うと、
「じゃあ葉っぱの形が違うんだよ。」と子どもたちは言う。「どんなふうに違うの？」と聞くと、「じゃあ味じゃない。」と答える。
実はムラサキダイコンなのだが、カブとの区別はいまだに私もはっきりつかない。

キンカン（ミカン科、4cm）

「ああ、これ知ってる。キンカンでしょ。」と調べなくても子どもたちは、名前を知っていた。学校給食にキンカンを丸々一個使ったゼリーが出たこともあり、そこから名前を覚えたようだった。味覚と名前が一致するのは大変嬉しい。知識として覚えるのではなく、生活の中の知識として理解を深めてほしいものだ。

アイスプラント（ハマミズナ科、9cm）

館山でこの野菜を初めて知った。同僚の教員と道の駅に行った時に「レモンみたいな味がしてすごく美味しいから買ってみなよ。」と言われたのがきっかけだった。噛むと野菜の表面についた水滴のような粒が口に広がり、その酸味がレモンのようでとても美味しい。子どもたちはつぶつぶに触りながら、弾力性を楽しんでいた。

黒板：

一月十一日　おはようございます　「〇〇〇〇」　ミカンとにているけれどとても小さく、皮まで食べられます。

一月十四日　おはようございます　「〇〇〇〇〇〇」　葉の表面には、水のようなつぶがたくさんついています。

アイスプラントの表面は水滴のような粒でおおわれている。

シイタケ（ホウライタケ科、6cm）

私の学校は、偏食を改善するのも一つの目的になっている。シイタケは児童が苦手とする代表的な野菜だ。「このヌルッとした食感が苦手なんだよね。」という子どもにも、愛らしく感じてほしいと思いながら描いた。

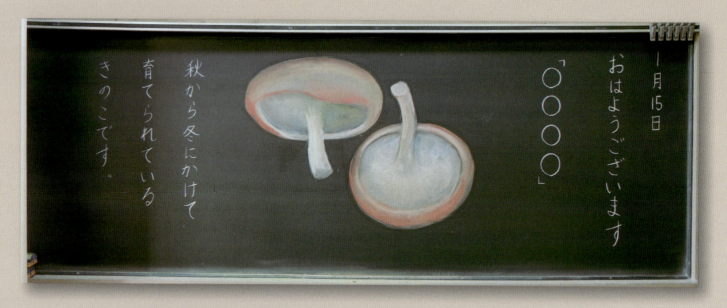

１月15日
おはようございます
「〇〇〇〇」
秋から冬にかけて育てられているきのこです。

１月16日
おはようございます
「〇〇〇〇〇」
春という字を書きますが、なべにするとおいしい冬の野さいです。

シュンギク（キク科、18cm）

いかにも葉っぱらしい形をしている野菜である。これを見ただけで名前を当てられる子どもはいなかった。このシュンギクを紹介した後、給食の野菜を見ると、「これは、シュンギクなの？」と聞くようになった。そのたびに「ホウレンソウだよ。」とか「コマツナみたいだね。」と答えた。切られ、調理されている葉っぱからは何の野菜かは分かりにくいものだ。だから野菜本来の姿を紹介する大事さを改めて感じた。

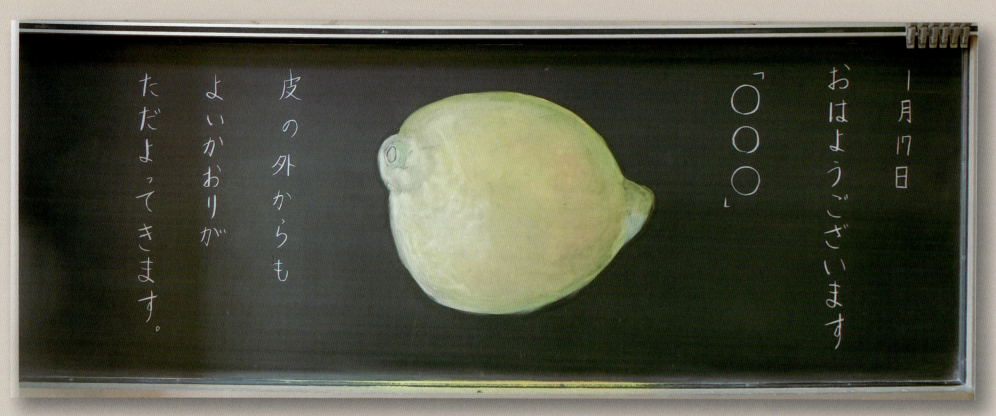

レモン（ミカン科、8cm）

「重ねた画集の上にそっと載せてみたいなあ。」梶井基次郎の「檸檬」に思いを馳せながら愛おしく描いた。子どもたちにその話をしたら、「レモンが爆弾かあ。」とキャッキャと喜んでいた。私の想像とはまた違うのかもしれないが、いつかこの本を読んだ時にそのことを懐かしく思い出してもらえるといいなと思う。

イチゴ（ヤヨイヒメ）（バラ科、4cm）

3学期1月

描くときにいちばんこだわったのは、種の並び方の規則性である。子どもたちにその話をすると、前に紹介したマツボックリやイガオナモミの話と関連付けて「ああ、確かに。」と納得していた。貝殻の時もそうであったが、その規則性が美しいのだ。

ハッサク（ミカン科、10cm）

レモンとの形の違いを意識して描くことにした。ナツミカン、イヨカン、ポンカン、デコポンなど、似た種類が多い中で種類を考えてもらうことにした。子どもたちは、黒板に書かれた四つの丸の中の二番目の文字が小さいことから「ハッサク」であることを導き出していた。是非、食べてみて味の違いからも答えを導き出してほしいものである。

1月18日
おはようございます
「○○○○」
ミカンのなかまで苦味と酸味があります。

カブ（コカブ）（アブラナ科、30cm）

実物のカブを見ると、「ダイコン」と「カブ」との違いがだいぶはっきりと分かるようになってきたようである。「葉っぱの形が確かに違うね。」とか「やっぱりカブは丸いね。」と話す子どもたち。比較をたくさんする中で、着実に知識が身に付いていく。

1月21日
おはようございます
「○○（○○○）」
いためものやしるものにするとおいしいですよ。

サトイモ（サトイモ科、6cm）

教室に入った瞬間に黒板を見た子が「ヤシの実？」と答えた。確かに、ここは海が近いし、ヤシの実が流れつくこともあるなぁと思っていると、「あれっ、でも小さいな。」とまたつぶやく。他の子が「全然わからないや。」と言う。絵を見ただけで会話が繋がっていく。「こないだ給食にも出たやつだよ。」と私が言うと、ぎょっとしてまた何かを考える。普段よく食べているのに、実物を見ても分からなかったことに驚いた。

セレベス（サトイモ科、15cm）

サトイモと並べてみると、非常に大きい。見た目だけでなく、重さ比べをして考えさせることにした。すると「サトイモは500gでセレベスは2kg」と現実と大きくずれた予想をしたので、「卵1つがだいたい50gだけど。」と言ってまた考えさせた。触ってみることや重さを感じる体験を通して、物を捉えることの大事さを改めて分かってもらいたかった。

はかりを使って、「サトイモ」と「セレベス」の重さを比べた。

ハス（レンコン）（スイレン科、22cm）

教室に入ってきて「レンコンだ。」と子どもが言う。「あれっ、レンコンって繋がっていたっけ。」とまたつぶやく。私のもくろみにまんまとはまってくれて嬉しかった。そのように考えてほしくて、いろいろな店を周り、わざわざ繋がっている千葉県産のレンコンを探し出してきたのだ。子どもたちには、野菜の本来の姿をできる限り覚えてほしいと考えている。

サツマイモ（紅はるか）（ヒルガオ科、19cm）

「サツマイモ」といっても、見た目だけで品種の区別はなかなかつかない。せめて、形の美しいイモを黒板に描こうと思った。店の棚に並んでいる中でもっともシルエットが美しい一品を選んだところ、そのサツマイモは、まぼろしの芋と呼ばれるほど甘いサツマイモであることが分かった。食べてみると、たいへん美味しかった。レンコンは茎だけど、サツマイモは根なのだ。

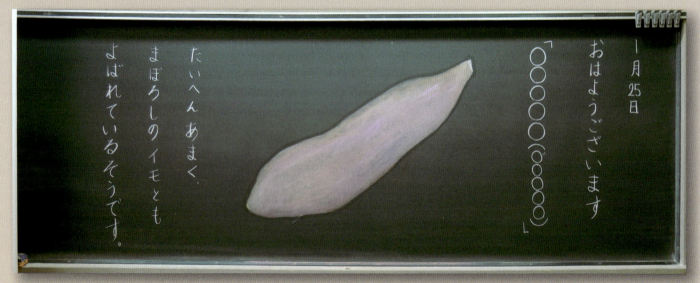

ネギ（ヒガンバナ科、73cm）

地元のネギを買ってきた。30本ほどの束で500円と値段も安い。そして、美味しい。この素朴さが、地元らしさであり、新鮮さであり美味しさである。そういう思いで描いた。

ホウレンソウ（ヒユ科、30cm）

丸（文字）を数えて名前を当てていた。「本当にホウレンソウなの？」とたずねると、調べて「やっぱりホウレンソウだよ。」と自信満々に答えていた。シュンギクとは違う葉らしい形の野菜をまた一つ覚えたようである。ホウレンソウの特徴を意識してもらうために、葉の付け根の部分は赤く塗って強調した。

チンゲンサイ（アブラナ科、25cm）

「コマツナ」を描いたつもりであったが、描いた後もう一度確認すると「チンゲンサイ」であった。なぜ間違えたのだろう、と思い調べると両方ともアブラナ科の野菜であり、特徴が似ていることに気付いた。そのことを子どもに紹介してみたが、あまりイメージは湧かないようだった。この日から「何科の野菜」という知識についてもときどき伝えることで、その植物の特徴をおさえられるようにしたいと考えるようになった。

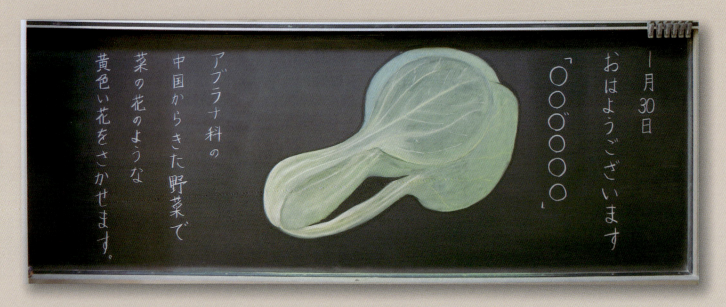

エンドウマメ（スナップエンドウ）
（マメ科、9cm）

インゲンマメ、サヤインゲン、エンドウマメとなんだか似ている名前が多い。インゲンマメの種類で「スナップエンドウ」とよばれるものであることが分かると、「そうなんだあ。」と早速覚えていた。給食にもよく出ていることに気付くと、「今日もインゲンマメが入っているよ。」と度々報告してくれた。野菜への親しみが伝わってきた。

デコポン（ミカン科、10cm）

3年生が教室に着く前に、「今日はデコポンだね。」と他の学年の子たちが教室の絵を見て声を掛けてくれた。時々、絵を見てくれているなあと思うのだが、この日は直接声を掛けてくれたのだった。きっと気に入ってくれたからに違いない。「前、食べたけど美味しかったよ。」と家での思い出を話してくれる子もおり、他学年の子どもたちにとってもまた思い出深い1枚となってくれていることが嬉しかった。

2月1日
おはようございます
「○○○○」
こぶのように
でっぱりのある所が
とくちょうです。
ここを「デコ」と
よびます。

ショウゴインダイコン（アブラナ科、39cm）

「丸大根（マルダイコン）」として紹介した。見た目が丸いし分かりやすいと考えたためだが、後で調べると「聖護院大根（ショウゴインダイコン）」であった。子どもたちに、これはカブそれともダイコンと問うと、「ダイコン」と答えていた。子どもたちの中でも、少しずつカブとダイコンの区別がつくようになってきたのだろう。根っこが丸いのに、ダイコンと答えたことに私は満足している。

2月2日
おはようございます
「○○○○○○」
根・葉・くきの
部分をよく見ると
カブとダイコンの
ちがいがわかります。

3学期2月 ロマネスコ（アブラナ科、22cm）

いつもは20分程度で絵を描いているが、ロマネスコには1時間半をかけた。花の並びを正確に描きたかったからだ。
螺旋階段状に花が積み重なっている構造が、とてもよく分かる花なのだ。
だから、子どもたちにもイラストをかいて気付いてもらうことにした。
このような植物の巧まざる造形美は、私たちの生活の中にも取り入れられている合理的な美しさなのだ。

ロマネスコの螺旋構造

①のように赤と黒の線をクロスさせて②のようなロマネスコの形を描いている。

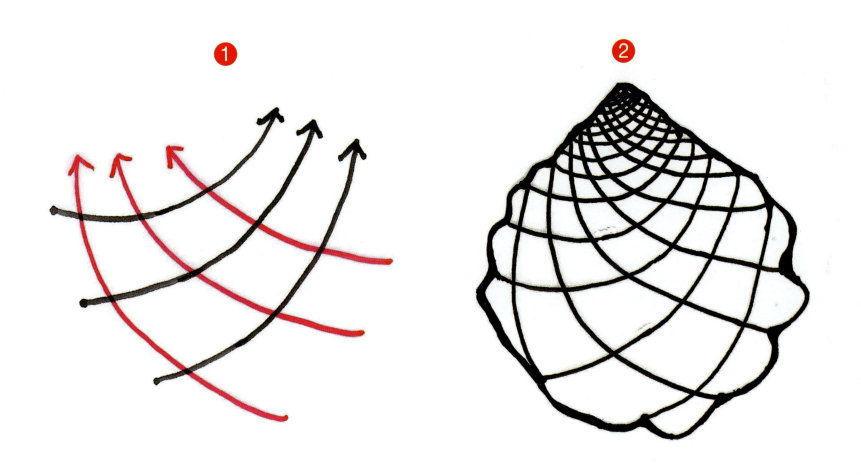

フキノトウ（キク科、6cm）

道の駅で手に入れてきた野菜であったが、「学校にも生えていたよ。」と子どもたちから教わり、身近にあったことに気付く。
このフキノトウを見つけた子どもは、その芽を大切に摘み取り、濡らしたティッシュを敷いた虫かごに大切にしまって世話をし始めた。
一週間後、「少し大きくなったよ。」と報告してくれた。茎が少し長く伸びてきたようだ。
紹介したことを元に、新たな春の喜びを見つけてくれている。そんな姿が、嬉しくて仕方がなかった。

虫かごには、フキノトウが大切にしまわれていた。

ミズナ（アブラナ科、36cm）

普段鍋などに入って目にしているミズナと、売られているミズナの印象は全然違う。特に今回手に入れてきたミズナは根元が一つにまとまっている大きなものであり、一見白菜のような印象も受ける。葉の一枚一枚を捉えるのではなく、全体として捉える視点も身に付けてほしかった。

2月12日
おはようございます
「〇〇〇」
下を見ると一つにまとまっています。
これで一つの野菜です。

カリフラワー（アブラナ科、18cm）

「知っているよ。カリフラワーでしょ。」と答える子どもたち。学校給食で出ることはほとんどないが、どうやら子どもたちにとっては身近な野菜であるらしい。絵を描いてみることで、葉っぱがキャベツみたいであることに気付く。キャベツみたいということはアブラナ科であるのかもしれないと思い、調べてみるとやはりそうだった。アブラナ科の野菜は多い。

2月13日
おはようございます
「〇〇〇〇〇ー」
キャベツと同じアブラナ科です。
葉の形がにていますね。

これで、1つのミズナだというから、驚きだ。

ハクサイ（アブラナ科、32cm）

重さ比べをして体感してもらった。サトイモの時とは違って「1.5kg」や「2kg」などと、
実際の重さに近い数値を予想するようになってきた。算数で学習したばかりだったので、はかりをもってきて重さを調べることにした。
すると、あっという間に1つのはかりが振り切れてしまい、2つ目のはかりも使って調べることにした。
予想とほぼぴったりの子どももおり、「おおっ。」とみんなで喜んだ。重さの感覚もだいぶしっかりしてきたようだ。

はかりを2つ使って、重さを計った。

※後で調べると正確な測定方法ではないことが分かった。およその重さの見当はついたのだが…。

ナバナ（アブラナ科、16cm）

「カリフラワー」に続き、アブラナ科の野菜である。店で「ナバナ」が並ぶ季節がやってくると、もうすぐ春なんだなあとしんみりと感じる。嬉しさというよりは、1年間がもうすぐ終わろうとしているということの方が寂しい。子どもたちとの残りの時間を大切にしていきたいなあと、絵に思いを込める。

ルッコラ（アブラナ科、23cm）

スーパーの地元野菜のコーナーで見つけた野菜だ。さすがにこの名前は知らないのではないかと思ったら、「ルッコラ」と知っている子もおり、驚いた。黒板にある○の空欄の四文字に、知っている野菜の名前を当てはめて考えたようである。情報社会の世の中においての子どもたちの知識の多さには感嘆せざるをえない。

ラディッシュ（アブラナ科、15cm）

ほとんど描くものがなくなっていたので、次はどうしようかなと思っていた時に見つけた野菜がこれである。
横浜の専門的な八百屋さんでたまたま見たものをありがたく買って描いた。
後に、館山の道の駅でも見つけるのだが、値段は横浜の3分の1程度だった。
地元で買ったほうが新鮮でおいしいし、やはりここで手に入れたい。
20日以上かかるが短期間でできるのでこの名称がついたようだ。

コマツナ（アブラナ科、25cm）

実物も見て、どこが違うかを見つけることで、チンゲンサイとの区別ができる。コマツナは根に近い部分が、チンゲンサイよりもほっそりしている。比較を通して、野菜の種類は正確に覚えられるに違いない。このコマツナは10分間という短い時間で描いたが、短時間で野菜の特徴を描き出すことのできた渾身の1枚となった。

リーフレタス（キク科、28cm）

朝、教室に入ると、すぐに黒板を見て名前を言うようになった子どもたちも、さすがに知らなかった。「えっ何だろう。」と早速図鑑で調べ始める。レタスにはいろいろな種類があり、サニーレタス、リーフレタスの区別は特に難しいようだ。実際に食べて気付かせたいのだが、いろいろ考えてやめた。2文字目の空欄を「－（伸ばし棒）」にしてヒントを与えた。

ニラ（ヒガンバナ科、58cm）

昔、「ニンニクを土に埋めておくとニラが出てくる。」という話を聞いたことがあったので、紹介しようと思いインターネットで確認をした。しかし、そのことについて書かれていなかった。ニンニクとニラは同じ「ヒガンバナ科ネギ属」であっても、別のものであることが分かった。子どもに紹介するということは、自分も学ぶということなのだ。

2月22日
おはようございます
「○○」
かおりの強い
野菜です。
えいようが たくさん
あります。

カンベレタス（キク科、21cm）

館山の住民ならだれもが知っているカンベレタス。先日、地域の農家さんにご協力いただき子どもたちは収穫体験をさせてもらった。教室で「カンベレタスとレタスの違いは何だろう。」ということが話題になったので、神戸（カンベ）の地域でレタスを育てている地元の方に聞いてみた。すると、「甘くておいしい。」「これは私の個人的な意見ではなく、レタスの品評会において全国の野菜の中で一番甘くておいしいと評価されたんだよ。」と教えてくれた。

2月23日
おはようございます
「○○○○○」
館山さざなみ学校の
ある神戸(かんべ)地区で
そだてられた
あまい○○○です。

花のいろいろ

　子どもたちが住んでいる東京大田区には花の市場がある。その市場の花の多くが館山からきているということを聞いていた。2月のはじめ。そんな花の美しさを知るとともに、春の訪れを感じてもらいたかった。鮮やかな色と甘い香りの中に春の訪れが感じられるだろう。

　教室には、それらの花を飾った。それだけで教室が明るくなった。描いた後も楽しみを味わうことができる。それが花のよさでもある。

　やはり、冬の花は種類が少なかった。意気込みに反して野菜が多くなってしまったようだ。

 ユリ（ユリ科、30〜100cm）

「いい香り。」と言って教室に入ってきた子どもたち。黒板を見る前に、香りについての反応が返ってきた。
一週間たっても、「まだ香りが残っているね。」と教室にあるユリの香りを楽しんでいた。
館山は野菜だけでなく、花の栽培でも有名な地域である。温暖な環境を生かして多くの花が育てられている。

クキブロッコリー（スティックセニョール）
（アブラナ科、17cm）

道の駅に自分の畑でとれた野菜を並べているおじさんがいた。「クキブロッコリー」と「ブロッコリー」の違いを聞いてみると、「クキブロッコリーはブロッコリーよりも甘くておいしいよ。」と教えてくれた。私は、植物としての違いについて聞いたつもりであったが、おじさんは味の違いを教えてくれた。農家の方は味を第一に考えて育てているんだなあと気付かされた。

2月26日
おはようございます
「○○゜○○゜ー
（○○○○○゜ー○）
農家のかたが、
くきがやわらかくて
おいしいよ
と教えてくれました。

セロリ（セリ科、65cm）

子どもたちの机の幅をゆうに超える大きさだ。その大きさに私は驚いたのだが、子たちはそこに違和感はなかったようだ。名前が3文字であることが分かると、「セロリかな」と予想して調べていた。経験によって感じ方も違うのだろう。

2月27日
おはようございます
「○○○」
どくとくなかおりと
歯ごたえに
とくちょうがあります。

タマネギ（ヒガンバナ科、9cm）

店先で、何十個もあるタマネギの中から表面の皮と根が最も美しいバランスでついているものを一つ選びだし、買ってきた。
こういうことに時間を使うのが私には楽しいのだ。子どもたちに、「タマネギってどこまで剥いていいと思う?」と聞くと、
「茶色い皮が白くなるまで。」と答え、「やりたい。」と言ったので挑戦させてみた。
茶色い皮の一部が白くなるところは、その皮を全部剥いていいかどうか悩んでいた。

フキ（キク科、10〜50cm）

子どもが育てていたフキノトウは2週間ほど経つと、黒くなってしまっていた。
一方、外にあるフキノトウはどんどん大きくなり、小さな白い花を咲かせている。
これを見せることで、生き物は外で育てた方が元気なのかなあと、気付いたに違いない。
自然の中で植物は変化し、成長する。もうだいぶ春が近づいたようである。

蜜を求めて

虫と花が、春の訪れを知らせてくれる。

キンギョソウ（オオバコ科、20～100cm）

小さな金魚がたくさんついているような様子から名付けられた花だ。素敵な名前だが、改めてよく見ると
「本当に金魚の形かなあ」と思う。子どもに尋ねると「金魚みたいだよ。」と言う。いい感性だ。
たくさん金魚が泳いでいるように見えるのだろう。実はこの花は、前日に買って一日経つとぐったりしてしまい、
上部が曲がっていた。少しでも元の姿を見せたいと思い、黒板に花を立てかけて生き生きと描いた。渾身の一枚である。

葉タマネギ（ヒガンバナ科、36cm）

花屋さんにこのタマネギが並んでいると美しく見え、どうしても描きたくなった。子どもたちは教室に入ると黒板を見て、すぐに「タマネギ」と言っていたので「ネギじゃないの？」と聞くと、「確かに上の部分はネギみたい…。」と悩んでいた。どこで比べるかが大事なのだ。花屋さんでこれを買った人は、飾った後で食べるのだろうか。値段は、八百屋の2倍であった。

3月5日
おはようございます
「葉〇〇〇〇」
葉っぱが生えてきた〇〇〇〇です。

カリフラワー（オレンジブーケ）
（アブラナ科、13cm）

「カリフラワーはもうやったよ。」という子どもたち。前に紹介したものをしっかりと覚えていることが嬉しかった。「でも、色は違うよ。」と言うと、「確かに。」とうなずくが「でもやっぱりカリフラワーだよ。」と言う。色が違っても種類が同じであることは分かるようだ。これは、別名「オレンジブーケ」と呼ばれている。「ブーケ」の意味について説明した。子どもたちもいつかこのことを思い出す日が来るに違いない。

3月6日
おはようございます
「〇〇〇〇〇ー」
（〇〇〇〇ー〇）
〇色の〇〇〇〇ーです。
黄色に見えますね。

コウタイサイ（アブラナ科、32cm）

アブラナ科の野菜であるため、「ナバナ」のように黄色い蕾がついている。初めて聞く野菜であったが、道の駅に行くと時々見かけるし、春らしいので描くことにした。食べてみると、ナバナとはまた違う甘さがあり、おいしかった。

3月7日
おはようございます
「〇〇〇〇〇〇」
くきがむらさきの菜の花です。
寒ければ寒いほどむらさき色がこくなるそうです。

ムラサキキャベツ（アブラナ科、14cm）

「すごい紫色だね。」とその色の鮮やかさに驚く。「これ、食べるの？」と難しそうな顔をして聞く子どもの気持ちも分かるような気がする。「6年生になると、理科でこのキャベツの色を変える実験ができるよ。」と教えると、「やってみたい。」と楽しみにしていた。キャベツに含まれているアントシアニン色素が酸とアルカリに反応して色が変わるのだ。

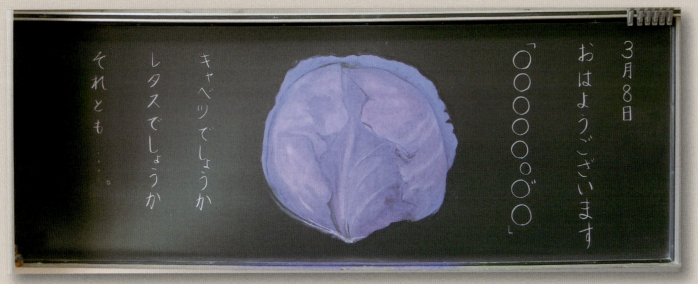

3月8日
おはようございます
「〇〇〇〇〇〇〇」
キャベツでしょうか
レタスでしょうか
それとも……。

わさび菜（アブラナ科、28cm）

「今日は、絵を描く時間がないぞ。」と焦っているのに、葉の先の枝分かれがあまりにも多いので、本当に終わるのかなあと更に焦る。コメントは何て書こうと思い、早速その場でちぎって食べると、シャキッとした食感の中に程よい辛さが広がっておいしい。言葉で教えるだけでなく、子どもにも、食べさせてあげたかったなあ。

キャベツ（アブラナ科、21cm）

3月に入ってから、店先に並ぶようになった。キャベツが並ぶと、千葉の八百屋にも春が来たなあと思う。タマネギの時のように、葉っぱのめくれ方や重なり方が一番美しいと思うのを選んだ。同じ緑の葉っぱだけれども、春に収穫したキャベツの新鮮さや甘みを出したいと思い、青・紫・赤を所々に入れて色の変化を出した。昔の人はこれを「玉菜＝たまな」と呼んでいたらしい。

一面の菜の花。3月の館山はこの花に包まれる。無造作に生えているように見える中に人々の温かさを感じる。

ホトケノザ（シソ科、10〜30cm）

学校は残り1週間となった。最後の週は雑草で終わると決めていた。4月の時の記憶を振り返りながら、1年を終えてほしかったのだ。それで、今日の1枚は「ホトケノザ」。春を知らせるこの花は、まだ枯草の残る館山の田んぼのあぜ道をピンク色に染めていく。私は、この光景が好きでたまらないのだ。仏さまが座るスイレンも描くと、「確かに似ている。」と子どもたちは納得していた。

3月12日
おはようございます
「〇〇〇〇〇」
仏様のすわっている葉の形とにていることから名づけられました。

ナバナ（アブラナ）
（アブラナ科、30〜150cm）

ナバナが畑を黄色く染めていく。その畑の横に「ご自由にお持ちください。」と札が下がっていた。それで、ありがたくいただくことにした。地域の方の温かな心遣いがうれしい。教室に飾った菜の花と、窓辺から見える畑の菜の花が、春の喜びを伝えてくれる。だが、私は子どもたちと共に過ごせる残りわずかな時間を思っていた。

3月13日
おはようございます
「〇〇〇〇〇〇」
地いきのかたが育てた大切な花をありがたくいただきました。

ナズナ（アブラナ科、10〜50cm）

去年の4月に紹介しようと思ったが、気付いたら見かけなくなってしまっていた花。音を鳴らす遊びを子どもたちにもやってほしかった。
「どうやると音がすると思う。」と尋ねるとクルクルと回して「なった。なった。」と喜んでいた。「本当は違うんだよ。」
とハート型の実を下に割り、ひっくり返した状態で回して正しいやり方を教える。しかし、同じ音だった。
「みんなのやり方でも十分だね。」と譲歩する。「正しい方法」とは誰が決めたものだろうと考えこんでしまった。
楽しく遊べればいいのだ。

ナズナ（ペンペン草）の遊び方

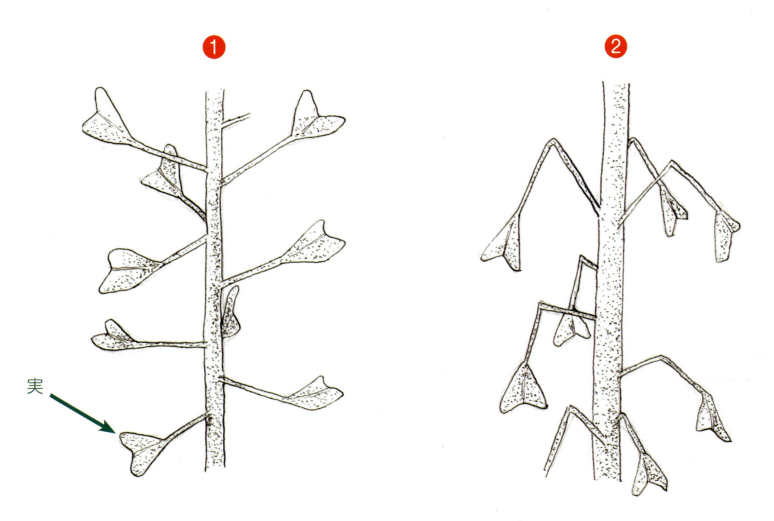

①に描かれている実を下に割くと、②のように垂れ下がる。この垂れた状態で、茎を逆さまにして回すと、音が鳴る。

カントウタンポポ（キク科、10〜30cm）

4月の最初の日に「セイヨウタンポポ」を描いた時、最後の日に紹介するのは「カントウタンポポ」と決めていた。
教室に入ってきたとたんに「今日はカントウタンポポだ。」と答えた子がいた。彼らの植物を見る視点が確かに養われているのが嬉しい。
しかし、別の子は「これ、セイヨウタンポポじゃないの。」と言う。確かにセイヨウタンポポのように総苞が少し翻っている。
実は私もそのような気がしていたのだ。以前、カントウタンポポがたくさん咲いていた場所で花をさがしたが、
なかなか見つからず、やっとこの花を見つけたのだった。先生から言われたことを正解だと思わずに、
批判的に物事を捉え考える視点が身に付いてきた子どもたちの成長を頼もしく思う。

菜の花と白い校舎

卒業式

4人の子どもたちと過ごした1年間は、本当に楽しかった。
校舎は少し遠景で描いた。広い校庭でサッカーをしている子どもたちをいつでも想像できる絵にしたかった。
この白い文字の所には、子どもたちがいる。

すてきな思い出を いつまでも どうもありがとう

二野広祐

毎日サッカーをした
広い校庭
たくさん学んだこうしゃ
まっ白い校舎

子どもの変容

　1年間で約206日間、絵を描いた。この絵を見ながら、話し合い、調べる活動を通して子どもたちの自然を見る視点は大きく変化した。担任は変わったが、この感性は1年経った今も発揮されている。「先生、網戸の隙間に大きなヤンマ系の大きなトンボがいるから捕まえて。」と報告しに来る子がいる。私に「トンボがいたよ。」と言っても、「どこにでもいるよ。」と言われてしまうことを予想し、「ヤンマ系だよ」と言う。種別を明らかにすることでその大きさを伝えようとしたのだ。また、他の子どもたちと捕まえたアマガエルを見て「これはおなかが大きいからメスなのかな」と話していると、「ちょっと待って、見せて見せて。」と言ってカエルの喉をのぞき込み「これは、色からしてオスだね。」と答える。アマガエルのオスとメスの区別の仕方についてこれまで教えたことはなかったが、子どもたちは自分で調べ、考えるようになっていたのだった。

　昨年度いっぱいで自分の課題を克服し、東京に戻った子もいる。久しぶりに電話をすると、「こないだ浅草で、小さなカマキ

リを見つけたんだよ。」と私に教えてくれた。「えさをあげられないから逃がしちゃったんだけど、東京にもいたんだよ。」と嬉しそうだった。夢中になってカマキリを捕まえていた彼と過ごした日々が懐かしく思い出された。彼の中では、今も館山の自然のなかでの暮らしや学習が鮮やかに残っているのだろう。

　館山には、魅力的な自然がたくさんある。貝殻の名前を約100種類覚えてしまった子どももいる。少ない子でも30-40種類は覚えている。地元の小学生に尋ねても、なかなかここまで名前をおぼえている子はいない。東京から来た私たちだからこそ、見たことのないその一つ一つに感動し、胸を打たれるのかもしれない。貝殻の名前を覚えるという経験が、直接的に将来役立つ可能性は低いと思われるが、子どもたちのものを捉える様々な見方・考え方は確かに養われているに違いない。ものを捉える視点が変わった時、子どもたちの世界は変わっていくのだ。

あとがき

　黒板アートを毎日続けるということは、多忙な教師にとっては無理に等しいだろう。杉並区の小学校にいた頃は、朝、黒板に絵を描こうとすると、「先生、登校中に転んで大怪我をした子がいます。」と言われたり、「電話がかかってきました。」と連絡が入ったり、「朝のうちに決めておきたいことがあります。」と他の教師との打ち合わせに時間が割かれたりもする。
　しかし、私が勤務する館山さざなみ学校は、そのような心配もない。登校前に子どもをみる先生たちがおり、突然電話がかかってくる可能性もなく、計4学年それぞれ1学級ずつしかないため急務を要する打ち合わせも短時間で終えることが可能である。落ち着いた環境の中で絵を描くことができたに違いない。この環境に感謝している。
　また、学校内外の多くの方々のご協力を得られたことで、より地域のよさを味わった活動ができたことに感謝している。館山のよさをさらに多くの方々に伝えていければと思う。

　　　上野広祐

春の館山　3年生教室のベランダから見える風景

冬の館山　3年生教室のベランダから見える風景

上野さんと黒板アート
～学び方を学ぶことで世界が広がっていく～

　上野さんから、黒板アートの記録を見せていただいた時、これは貴重な実践だ。多くの人に知ってもらいたいと思った。
　何しろ、全登校日、206日、一日も欠かさずに、黒板に絵を描き、それをもとに、子どもたちと話し合った大変な記録だ。確かに、健康学園という特殊な環境であったにせよ、毎日続けるのは容易ではない。うかがい知れない努力があったに違いない。そして、そこには上野さんをこの黒板アートに向かわせる何か、魅力があったに違いない。
　出版に向けて、コメントを相談する中で、それが見えてきた。子どもたちに、身の回りの生き物に目を向けてほしい、上野さんのそういう思いが伝わってきた。最初は絵を見て、名前を調べる、というのが課題だった。その過程で、話し合い、図鑑で調べ、また手に取って見たり、様々な角度から物を見たりするようになっていった。さらに育てる子も出てきた。拾い集めた貝殻を標本にした子もいた。当然、子どもたちの会話が、言葉が、活発になり豊かになっていった。自発的な交流も始まっていった。こういうことが教師にはうれしいのだ。そして、今度は何を紹介しようか、という上野さんの意欲も高まっていったに違いない。だから、鋸山に登って蝶を探したり、台風の後の磯辺に出かけたり、ある時には、朝になってしおれる前に、夜のうちに教室の黒板に花を描いたりもした。それらが子どもたちの興味をひかないはずはない。地域や子どもに合った総合的な教育がここで展開された。私はそう思っている。
　私が、最も感動したのは、「カラスウリ」だった。上野さんが子どもの時に、手をつないで歩いていた時、母親から聞いた「烏瓜の白い花」。上野少年は、その日帰るなり、図鑑でその花を調べて、母親に見せに行った。その時の母親の表情が見えるような話だ。何気なく話してくれる人がいる、教えてくれる人がいる。つたない話でも耳を傾けてくれる人がいる。そういう関係の中で人は新しい世界に気付くのだ。そして、自分を作っていくのだ。
　植物の種の話もそうだ。上野さんが大学で聞いた先生の話。それは知識としてではない。そういう見方をしていくことで、自然のおもしろさ、不思議さがもっと見えてくる。そういう学び方を彼はしてきたのだろう。だから、今、それを子どもたちに伝えたい、そういう思いがこの黒板アートを生んだのだ。
　見てもらうと分かるが、図鑑のように整理されて、順番に並んでいるわけではない。花の後に野菜が紹介されたりしている。これこそが、手作りの教育を物語っている。カリキュラムがあってそれを墨守する決まりきった教育ではなく、教師と子どもと地域や物とのかかわりの中で、いろいろなことを引き出していく教育、それがこの黒板アートなのだ、と私は思う。

今井成司（日本作文の会会員）

黒板アートの歩み

教員1年目（2011年度）

始業式の日に「トトロ」の絵を描いたことをきっかけに、黒板に絵を描くようになる。「明日は、何を描くの。」と聞かれて、また描こうと思ったのだった。

左の「コザクラインコ」の絵は当時学校で勤務していた主事さんに、「夜教室を巡回していたら上手な絵があってびっくりしたよ。」と声を掛けられ、撮った写真だ。

当時の私は、黒板に絵を描いていることへの特別な意識はなかったため、写真はほとんど残っていない。自分にしかできない、人を喜ばせられることなのかもしれないと、この時から考えるようになった。

教員2年目（2012年度）

実物と並べて絵を描くようになったのは、この絵が最初だ。本物と絵をじっくりと見比べて、友達と話す子どもたちの姿を見て、いいなと思ったことを覚えている。

教員3年目（2013年度）

絵だけではなく、日付とメッセージも黒板に残すようになった。

黒板全体を通して子どもたちに朝のメッセージを投げかけたいと考えるようになった。

これが館山の学校での実践につながっていく。

教員4・5年目（2014-2015年度）

教員4・5年目は図画工作専科となる。毎朝、子どもが楽しみに登校してきてくれるからこそ描くのであり、専科となればその思いはまた変わることに気付かされた。

教員6年目（2016年度）

子どもたちの生活を捉え、花冠を作るなど、遊びに関する視点も取り入れるようになった。
　黒板に絵を描く頻度も増え、「雑草シリーズ」「井の頭自然文化園遠足シリーズ」など、子どもたちに身近なテーマを扱った。

教員7年目（2017年度）

現在の絵を描くスタイルが、ほぼ確定した。黒板には朝の支度に関する教師の指示は記入せずに、絵のテーマに関わるメッセージだけを残すことにした。

教員8年目（2018年度）

館山の自然をテーマに1年間子どもたちに伝えられることがあるのではないかと考えるようになった。そこで、今年は、児童の登校日数である約200日間、必ず描き続けることにした。

年間一覧表

日	曜	4月 行事	日	曜	5月 行事	日	曜	6月 行事	日	曜	7月 行事	日	曜	8月 行事	日	曜	9月 行事
	月			月			月			月			月			月	
	火		1	火			火			火			火			火	
	水		2	水			水			水		1	水			水	
	木		3	木			木			木		2	木			木	
	金		4	金		1	金			金		3	金			金	
	土		5	土		2	土	オオヘビガイ		土		4	土		1	土	
1	日		6	日	ノアザミ	3	日	マツムシ	1	日		5	日		2	日	始業式　前黒板
2	月		7	月	ギシギシ	4	月		2	月	コシダカサザエ	6	月		3	月	コクワガタ
3	火		8	火	イヌムギ	5	火		3	火	ウノアシガイ	7	火		4	火	オンブバッタ
4	水		9	水	ヤモリ	6	水		4	水	ヨシノボリ	8	水		5	水	ショウリョウバッタモドキ
5	木		10	木	ユウゲショウ	7	木	帰校日(校外学習)	5	木	シマドジョウ	9	木		6	木	ショウリョウバッタ
6	金		11	金	ムラサキツメクサ	8	金	マツバガイ	6	金	ヌマエビ	10	金		7	金	トノサマバッタ
7	土		12	土		9	土		7	土	オタマジャクシ	11	土		8	土	
8	日	始業式　前黒板	13	日		10	日		8	日		12	日		9	日	
9	月	セイヨウタンポポ	14	月	チガヤ	11	月	トコブシ	9	月	ノコギリクワガタ	13	月		10	月	ハンミョウ
10	火	オニノゲシ	15	火	ヒルザキツキミソウ	12	火	ツタノハガイ	10	火	ヤブキリ	14	火		11	火	オオカマキリ
11	水	スギナ	16	水	ミヤコグサ	13	水	チャイロキヌタ	11	水	カイコ	15	水		12	水	トゲナナフシ
12	木	シロツメクサ	17	木	ドクダミ	14	木	トマヤガイ	12	木	カナヘビ	16	木		13	木	クルマバッタ
13	金	ウラシマソウ	18	金	オニタラビコ	15	金	バテイラ	13	金	スズメガイ	17	金		14	金	エンマコオロギ
14	土		19	土		16	土	サザエ	14	土		18	土		15	土	アオドウガネ
15	日		20	日		17	日		15	日		19	日		16	日	
16	月	ヘラオオバコ	21	月	ハマヒルガオ	18	月	ベニイモ	16	月	ホタルガイ	20	月		17	月	
17	火	オオミズアオ	22	火	ツルニチニチソウ	19	火	オニアサリ	17	火	クジャクガイ	21	火		18	火	ナナホシテントウ
18	水	マツヨイグサ	23	水	ナガミヒナゲシ	20	水	シマメノウフネガイ	18	水	クズヤガイ	22	水		19	水	ハラビロカマキリ
19	木	コメツブウマゴヤシ	24	木	トキワツユクサ	21	木	イシダタミガイ	19	木	シチクガイ	23	木		20	木	アオモンイトトンボ
20	金	ウラジロチチコグサ	25	金	オオイヌノフグリ	22	金	ベッコウガサ	20	金	オミナエシダカラ	24	金		21	金	コカマキリ
21	土	ハナイバナ	26	土	スズメノカタビラ	23	土		21	土	終業式　前黒板	25	土		22	土	
22	日		27	日		24	日		22	日		26	日		23	日	
23	月	カラスノエンドウ	28	月	キサゴ	25	月	クマノコガイ・クボガイ	23	月		27	月		24	月	ハラオカメコオロギ
24	火	ヒメオドリコソウ	29	火	エガイ	26	火	ハマグリ	24	火		28	火		25	火	タンボコオロギ
25	水	ハルジオン	30	水	アマオブネガイ	27	水	キンチャクガイ	25	水		29	水		26	水	ホシササキリ
26	木	ハハコグサ	31	木	ハクシャウズ	28	木	ザルガイ	26	木		30	木		27	木	アカボシゴマダラ
27	金	カタバミ		金		29	金	ネジガイ	27	金		31	金		28	金	シオカラトンボ
28	土	ニワゼキショウ		土		30	土		28	土			土		29	土	運動会　前黒板
29	日			日			日		29	日			日		30	日	
30	月			月			月		30	月			月			月	
	火			火			火		31	火			火			火	

＊勘違いして、黒板に誤った日付を記入してしまったこともあります。こちらの日付が正式なものです。

10月			11月			12月			1月			2月			3月		
日	曜	行事	日	曜	行事	日	曜	行事	日	曜	行事	日	曜	行事	日	曜	行事
1	月			月			月			月			月			月	
2	火			火			火		1	火			火			火	
3	水			水			水		2	水			水			水	
4	木	帰校日（校外学習）	1	木	ヤシャブシ		木		3	木			木			木	
5	金	ハラヒシバッタ	2	金	メタセコイア		金		4	金		1	金	デコポン	1	金	フキ
6	土	イボバッタ	3	土	スダジイ	1	土		5	土		2	土	ショウゴインダイコン	2	土	
7	日		4	日		2	日		6	日	始業式　前黒板	3	日		3	日	
8	月		5	月		3	月	ヒメツチハンミョウ	7	月	オデンダイコン	4	月		4	月	キンギョソウ
9	火	アシブトチズモンアオシャク	6	火		4	火	モンキチョウ	8	火	ワケギ	5	火		5	火	葉タマネギ
10	水	ツチイナゴ	7	水		5	水	ケヤキ	9	水	ブロッコリー	6	水		6	水	カリフラワー（オレンジブーケ）
11	木	オオゾウムシ	8	木		6	木	クリ	10	木	ムラサキダイコン	7	木		7	木	コウタイサイ
12	金	サトクダマキモドキ	9	金		7	金	イタヤガイ	11	金	キンカン	8	金		8	金	ムラサキキャベツ
13	土	ヒョウタンゴミムシ	10	土	イガオナモミ	8	土	ビワガイ	12	土		9	土		9	土	わさび菜
14	日		11	日		9	日		13	日		10	日	ロマネスコ	10	日	
15	月	ツヤアオカメムシ	12	月	カラスウリ	10	月	ナガニシ	14	月	アイスプラント	11	月	フキノトウ	11	月	キャベツ
16	火	ホシホウジャク	13	火	タウコギ	11	火	ハルシャガイ	15	火	シイタケ	12	火	ミズナ	12	火	ホトケノザ
17	水	マダラスズ	14	水	チカラシバ	12	水	ウチムラサキ	16	水	シュンギク	13	水	カリフラワー	13	水	ナバナ（アブラナ）
18	木	アカウラカギバ	15	木	ススキ	13	木	ハナマルユキダカラ	17	木	レモン	14	木	ハクサイ	14	木	ナズナ
19	金	ヒメホシカメムシ	16	金	ジュズダマ	14	金	カコボラ	18	金	ハッサク	15	金	ナバナ	15	金	カントウタンポポ
20	土		17	土		15	土		19	土	イチゴ（ヤヨイヒメ）	16	土		16	土	始業式　前黒板
21	日		18	日		16	日		20	日		17	日		17	日	
22	月	マユタテアカネ	19	月	ヒメヤママユ	17	月	クチベニガイ	21	月	カブ（コカブ）	18	月	ルッコラ	18	月	
23	火	ミズカマキリ	20	火	トウカエデ	18	火	ナデシコガイ	22	火	サトイモ	19	火	ラディッシュ	19	火	
24	水	ツヅレサセコオロギ	21	水	クロマツ	19	水	ヒガイ	23	水	セレベス	20	水	コマツナ	20	水	
25	木	ダイリフキバッタ	22	木	モンシロチョウ	20	木	ウキダカラ	24	木	レンコン（ハス）	21	木	リーフレタス	21	木	
26	金	コバネイナゴ	23	金	イチョウ	21	金	ウラシマガイ	25	金	サツマイモ（紅はるか）	22	金	ニラ	22	金	
27	土	ルリタテハ	24	土		22	土	終業式　前黒板	26	土		23	土	カンベレタス	23	土	
28	日		25	日		23	日		27	日	ネギ	24	日		24	日	
29	月	マテバシイ	26	月	ウラナミシジミ	24	月		28	月		25	月	ユリ	25	月	
30	火	アベマキ	27	火	オシロイバナ	25	火		29	火	ホウレンソウ	26	火	クキブロッコリー（スティックセニョール）	26	火	
31	水	スギ	28	水	テイカカズラ	26	水		30	水	チンゲンサイ	27	水	セロリ	27	水	
	木		29	木	セイヨウタンポポ	27	木		31	木	エンドウマメ（スナップエンドウ）	28	木	タマネギ	28	木	
	金		30	金	テッポウユリ	28	金			金			金		29	金	
	土			土		29	土			土			土		30	土	
	日			日		30	日			日			日		31	日	
	月			月		31	月			月			月			月	
	火			火			火			火			火			火	

上野広祐
一九八八年生まれ
青山学院大学卒
教員歴九年

スマホやパソコンで動画をご覧になれます。

左のQRコードからARアプリ「cocoar2」をインストールして、アプリを起動。
円内にある上野先生の画像にカメラをかざすと、黒板アートの制作風景が再生されます。
パソコンご利用の場合は下記のURLにアクセス！

https://bit.ly/2S60Uvx　※動画閲覧可能期間は2020年8月23日までです。

黒板アート 南房総200日の記録 ～子どもの世界が変わるとき～

2019年8月23日 初版 第1刷 発行

著者●上野広祐／編集協力者●今井成司／DTP●樋口祐介（株式会社西崎印刷）／発行者●新舩海三郎
発行所●株式会社本の泉社（〒113-0033 東京都文京区本郷2-25-6／電話●03-5800-8494／FAX●03-5800-5353／http://www.honnoizumi.co.jp/）
印刷●音羽印刷株式会社／製本●株式会社村上製本所

©2019, Kousuke UENO　Printed in Japan／ISBN978-4-7807-1936-9 C0037
※落丁本・乱丁本は小社でお取り替えいたします。定価はカバーに表示してあります。本書を無断で複写複製することはご遠慮ください。